U0561635

古斯塔夫·克里姆特

我的黄金时代

GUSTAV KLIMT AT HOME

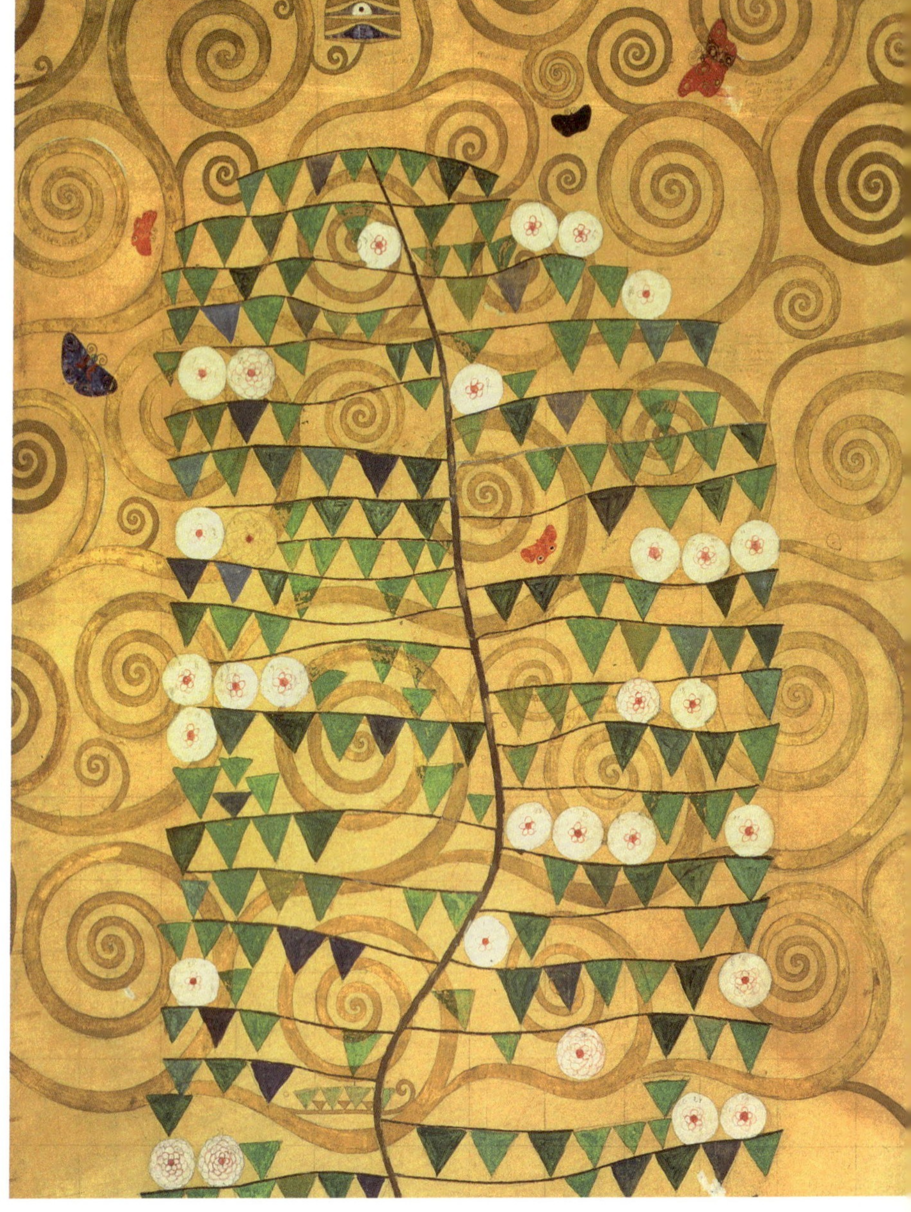

焦点艺术丛书

古斯塔夫·克里姆特

我的黄金时代

GUSTAV KLIMT AT HOME

【英】帕德里克·巴德 著 / 张怡忱 译

GUANGXI NORMAL UNIVERSITY PRESS
广西师范大学出版社
桂林

扉页对页图：《生命之树》（*Tree of Life*），《斯托克雷特横饰带》（*Stoclet Frieze*）细节图，蛋彩和水彩画，1905～1909年，维也纳奥地利应用艺术博物馆藏

上图：《树下的蔷薇》（*Rose under the Trees*），布面油画，110厘米×110厘米，1905年，巴黎奥赛博物馆藏

左图：克里姆特工作室花园里的古斯塔夫·克里姆特和艾米丽·芙洛格，约1905年摄

古斯塔夫·克里姆特

我的黄金时代

目录

维也纳感恩教堂的风光，1890～1900年摄

《欢乐颂》（*Hymn to Joy*），《贝多芬横饰带》（*Beethoven Frieze*）细节图，《贝多芬横饰带》为灰泥底漆上的金箔、次宝石、珍珠母、酪蛋白、铅笔和色粉画，215厘米×3414厘米（两面1392厘米长墙，一面630厘米窄墙），1902年，维也纳美景宫美术馆藏

第一章：克里姆特的维也纳

古斯塔夫·克里姆特的作品能够拥有持久且不断增长的吸引力，不仅是由于其本身诱人的美，更得益于克里姆特与维也纳之间千丝万缕的联系。20世纪的维也纳，是克里姆特的维也纳，是西格蒙德·弗洛伊德、古斯塔夫·马勒、阿图尔·施尼茨勒、卡尔·克劳斯、阿诺尔德·勋伯格的维也纳，也是西奥多·赫茨尔和年轻的阿道夫·希特勒的维也纳。巴黎曾以自己是西方世界的文化之都而自豪，但如今看来，维也纳或许才是20世纪的文化摇篮，孕育了最美好和最糟糕的一切。

作为一个地道的维也纳人，古斯塔夫·克里姆特曾借用那首非常受欢迎的维也纳歌谣《我的母亲是一个维也纳女孩》（*Mei Muatterl war a Wienerin*）中的歌词来完成自己的宣言。克里姆特的朋友在回忆他那些简洁的语言时，也总会像他一样，使用最地道的维也纳方言。克里姆特的母亲安娜·芬斯特于1836年出生在维也纳郊区，克里姆特的父亲恩斯特·克里姆特拥有波希米亚血统，这种混血组合在19世纪晚期的维也纳非常典型。1900年的维也纳，虽然只是人口数量排名第四的欧洲首都城市（前三名为伦敦、巴黎和柏林），但它在民族、语言和文化方面却是最为多样化的。作家斯蒂芬·茨威格非常得意于当时维也纳表现出的世界主义："……欧洲文化的各种潮流均汇集于此。在宫廷里、在贵族中、在民间，德意志的文化传统和斯拉夫、匈牙利、西班牙、意大利、法兰西、佛兰德斯的文化传统有着血肉的联系。音乐之都维也纳真正的天才之处在于，它把差异巨大的文化融合在一起，继而形成新的、独到的维也纳特色文化。这座城市有着海纳百川、有容乃大的精神，任何特别的人才都会被它吸引并融入其中。这种思想碰撞交融的氛围让每个置身其中的人感到了温暖。正是在这种和谐的氛围中，维也纳的居民被慢慢地培养成了超民族主义者、世界主义者和世界公民。”[1]

这种多样性成为维也纳人创造力的源泉，却也埋下了灾难和悲剧的种子。1912年出版的《大英百科全书》（*Encyclopaedia Britannica*）显示，1900年，维也纳的总人口为1 662 269人，其中“1 386 115人入了德国籍、102 974人入了捷克和斯洛伐克籍、4 346人入了波兰籍、805人入了鲁塞尼亚籍、1 329人入了斯洛文尼亚籍、271人入了塞尔维亚–克罗地亚籍、1 368人入了意大利籍。此外，维也纳还有133 144名匈牙利人、21 733名德国人、2 506名意大利人、1 703名俄罗斯人、1 176名法国人和1 643名瑞士人等”。在这些异族人中，1 461 891人是罗马天主教教徒，146 926人是犹太人。在奥格斯堡和海尔维特忏悔的新教徒有54 364人，英国国教信徒有490人，旧天主教教徒有975人，希腊东正教教徒有3 674人，希腊天主教教徒有2 521人，穆罕默德的信徒有889人。据估算，在维也纳的常住人口中，只有45.5%的人是在当地出生的。

《大英百科全书》接着写道：“一般来说，维也纳人是放荡不羁的、欢乐的、友好的和天才的。”斯蒂芬 · 茨威格也十分赞同这种将维也纳人评价为优雅的享乐主义者的观点：“维也纳人是美食家，他们享受美食和美酒，带有涩味的新鲜啤酒、精美的甜品和德国大蛋糕，但这些都只是很平常的享受。从事音乐表演、舞蹈表演等演出，广泛社交，讲究风度仪表，才是特别的艺术修养……如果你没有这样一种对文化的热爱、对安逸舒适生活的享受意识和审美意识，那么你还不是一个真正的维也纳人。”[2]

在那些著名的维也纳咖啡馆里，你可以找到蛋糕，也可以找到社交圈。正如斯蒂芬 · 茨威格所说：“维也纳的咖啡馆是一个非常特别的存在，世界上任何地方的咖啡馆都难以与之匹敌。这些咖啡馆就像是一个个民主俱乐部，向所有客人开放，只需点上一杯物美价廉的咖啡，人们就能在这里聊天、写作、打牌和收发信件，更重要的是，这里有看不完的报纸和杂志。在一家较好的维也纳咖啡馆里，会摆满可以在维也纳买到的各种报纸，不仅有全德国的报纸，还有法国、英国、意大利和美国的报纸，以及世界上所有主要的文学及艺术杂志，比如《法兰西信使》《新观察家》《创作室》《伯灵顿杂志》……一个奥地利人能够在咖啡馆里了解到世界上发生的一切，并随时和身边的朋友进行讨论，再也没有比这里更能活跃思维和掌握国际动态的地方了。”[3]

第一次世界大战后，那些生活在维也纳的人撰写了一系列回忆录，透过泛着玫瑰色的记忆，怀念曾经的城市生活。著名的无声电影演员、维也纳音乐学院教授达格玛·戈道斯基（钢琴演奏家利奥波德·戈道斯基的女儿）曾以充满诗情画意的语言回忆她在维也纳度过的童年：“啊，维也纳！哥特式风格的美丽的维也纳呀！我怀念这里的花园、灯柱上的花环、城市公园和环城大道，怀念这里的圣史蒂芬教堂、美泉宫，怀念人民公园一角的小水池前那尊美丽却令人悲伤的伊丽莎白女王像，怀念在巨大的瓷炉旁度过的舒适冬天，怀念景致优美的泉水，怀念处处充满音乐的维也纳。在这里，每个人都是音乐家。新年前夜，每一千家咖啡馆中就会有一家邀请大型管弦乐队进行跨年表演，如果仔细观察你会发现，周围的邮递员、街道清洁员、壁炉保洁员和点街灯的灯夫等，都精通莫扎特和贝多芬。我怀念安全的维也纳，所有的房屋都会在晚上十点

左图：维也纳的普拉特咖啡馆，约1900年摄

右图：古斯塔夫·克里姆特正在维也纳酒馆的花园吃早餐，19世纪和20世纪之交摄

落锁，要进入自己的家必须向有钥匙的门童支付一个专用代币。啊，维也纳！这里充满了音乐和鲜花。”[4]戈道斯基家虽不能代表普通的维也纳家庭，却是典型的城市文化精英家庭。达格玛还提到了许多曾到她家做客的社会名流，比如阿图尔·施尼茨勒、尼格尔·海姆、伊迪布·贝、威廉·施泰克博士、古斯塔夫·马勒、弗朗茨·维尔费尔、费利克斯·萨尔滕、雅各布·瓦瑟曼、格哈特·霍普特曼、赫尔曼·苏德曼和托马斯·曼。

斯蒂芬·茨威格在回忆彼时生活的维也纳时，表达更为世故，却也有着向往之心：“倘若要简单概括第一次世界大战前我的童年和青年时代，那么我会这样说：这是一个太平的黄金时代——这再精辟不过了。在有近千年历史的奥地利君主国里，好像一切都会世世代代恒定不变地发展下去，国家本身就是这种延续的最高保证。国家赋予公民的权利，是由人民自由选举出的议会以书面形式确认的，同时，公民的每一项义务也有详细的规定。货币——奥地利克朗，以闪闪发亮的金币的形式流通，保证了货币的稳定性。每个人都知道自己有多少钱以及挣了多少钱，知道什么能做什么不能做。一切事物都有它的规范、标准和尺度。拥有财产的人可以精确计算出每年的盈利，公职人员和军官能够很有把握地在日历中找到他们晋升和退休的年份。每个家庭都有自己的预算，知道在食宿、夏季旅行和社交应酬上可以花多少钱，当然，你必须预留出一小部分钱以备不时之需……在这个幅员辽阔的帝国里，所有人都有自己的位置，牢固且不可变动，即使是至高无上的年迈的皇帝，哪怕他去世，也理所应当会有另一个皇帝取代他的位置，一切都将按部就班地进行下去。那个时代的人们根本不会想到有战争、革命等激进暴力的事情发生。”[5]

这应该就是在19世纪末的维也纳，在被当地文化同化、有教养的富裕犹太家庭里长大的聪明孩子眼中的维也纳。但世纪末的维也纳并不完全是令人愉快、安稳和一成不变的。你可以通过当时流行歌曲中那些怀旧的叹息，感受到隐藏在欢乐和享乐主义基调中的一丝忧郁。泪流满面的微笑是维也纳人特有的态度。在茨威格的叙述中，葬礼成了一个特别喜庆的场合——“一个真正的维也纳人甚至希望将自己的死，也变成令人喜闻乐见的一幕。”当时的维也纳还有一种强烈的悲观和不安情绪。许多人都在发出警告，甚至呼吁结束严格的等级制度，此外，在多民族聚居的哈布斯堡王朝中，蓬勃发展的民族主义也正威胁着这一切。

愤世嫉俗的作家兼记者卡尔·克劳斯扮演了预言家的角色，他预言19世纪和20世纪之交的维也纳是人类走向终结之路的实验站：“大家都停下了脚步，无论是宫廷中的侍从、总管、汉森出租车司机，还是政府工作人员。每个人都在等待结果。主啊，愿末日将带来美好的未来。”[6]

评论家和剧作家赫尔曼·巴尔在写于1891年的作品中，指出了哈布斯堡王朝的僵化老旧和传统主义是问题的症结所在：“未来在我们周围盛开，但我们仍然根植于过去。因此，这儿将没有和平，只有仇恨和分裂、敌意和暴力……变革是我们所期待的。我们必须注意那外来的戒条，以及我们内心的渴望。我们必须顺应今天的环境，摆脱过去几个世纪一直存在的固有模式——那个已经消逝、一成不变的过去，扼杀了我们的灵魂。我们必须重新开始……我们必须打开窗户，让5月的阳光照射进来。我们必须敞开怀抱，贪婪地倾听和感知周围新的世界，怀着喜悦和敬意，迎接那新世纪的曙光。它将冲破房间内的黑暗，清空那些属于过去的垃圾。”[7] 七年后的1898年，克里姆特和他的分离派同伴们响应巴尔的号召，在新的分离派大楼里拥抱“当下”，并“清空那些属于过去的垃圾”。

用斯蒂芬·茨威格的话说：“我们年轻时经历的真正伟大的事，是意识到艺术中的新事物正在酝酿和发展——比我们父母和周围人想要的艺术更具激情、更难解决，却也更有诱惑力。但是，由于我们完全沉迷其中，以至于没有注意到，这些美学领域的变化只是后续更深远变革的伏笔，它们将动摇并最终颠覆我们父辈的世界，那个太平世界。”[8]

《维也纳老城堡剧院的音乐厅》，布面油画，82厘米×92厘米，1888年，维也纳博物馆藏

第二章：变革与环城大道

拿破仑战争后期的1814～1815年，维也纳主办了一次会议，奥地利、俄罗斯、普鲁士和英国等战胜国均派代表出席，查理斯·莫里斯·德·塔列朗则代表战败国法国出席。在维也纳会议中，战胜国重新分割欧洲领土，并试图防止法国革命卷土重来。本次会议为维也纳建立了快乐和美好生活之都的声誉。用《大英百科全书》的话来说："从一开始，议会丰富多彩的社交形式就给观察家留下了深刻的印象，政治家丝毫不避讳将餐桌或舞厅作为外交途径。"

18世纪50年代，威尼斯艺术家贝尔纳多·贝洛托曾无比细致地记录下当时维也纳的城市面貌，时至今日，对比当时的记录，我们会发现，维也纳并没有发生太大的变化。这座拥挤的老城仍然依偎在中世纪的城墙后面，而那已经蔓延到城外的近郊，则被一条外环的防御工事所保护。在1848年革命之前，维也纳的人口数量一直保持在50万以内。在维也纳会议之后所谓的毕德麦雅时期，贝多芬和舒伯特在对抗政治压迫和小资产阶级碌碌无为的背景下，创作了一些西方音乐史中的杰作。这些深受克里姆特喜爱的作品，大多创作于环境舒适的私人客厅。毕德麦雅时期注重日常的舒适性，这在装饰艺术，尤其是由当地浅色木材制成、大胆简约的新古典风格家具中，展现得淋漓尽致。

毕德麦雅时期平静表面下积聚起来的极度不满，终于在1848年那次以失败告终的革命里爆发了。革命失败后，独裁帝制复辟，新皇帝弗朗茨·约瑟夫一世即位，哈布斯堡王朝人心浮动，维也纳作为其首都仍保持着强硬的保守姿态。

上图：维也纳风光，1873年摄

对页图：维也纳环城大道一期工程规划图，1859年

1862年，克里姆特出生的那一年，弗朗茨·约瑟夫已在位14年，而一直到克里姆特去世的18个月前，约瑟夫的统治才结束。在位期间，约瑟夫经历了1889年儿子鲁道夫王储的自杀和1898年妻子伊丽莎白皇后的遇刺，这些都曾使他悲痛欲绝。在许多20世纪初的臣民心目中，他是一个不朽的人物。在长达68年的统治生涯里，弗朗茨·约瑟夫从强硬的保守派转变为温和明智的自由主义者，并带领着僵化的帝国迈入现代化。

促使弗朗茨·约瑟夫转变的导火线是奥地利在1866年萨多瓦战役中惨败于普鲁士的经历。第二年，弗朗茨·约瑟夫实施改革，建立二元制的奥匈帝国，并引入一系列民主议会制度。然而，在改革主要受益者匈牙利人的阻挠下，弗朗茨·约瑟夫未能及时安抚哈布斯堡王朝统治下的

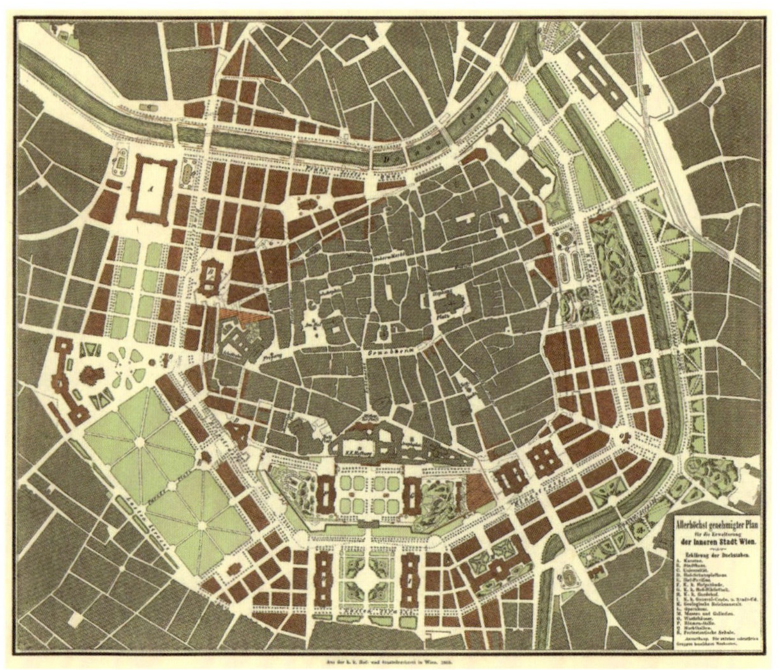

其他民族，尤其是捷克人和南部斯拉夫人，他们叫嚷着也要拥有相同的权利，这一紧张局势最终导致了第一次世界大战的爆发。

哈布斯堡王朝现代化进程中最令人叹为观止的工程，是在城墙遗址上修建的环城大道。城墙的历史可以追溯到13世纪，是用英国为“狮心王”理查一世支付的赎金建造的，彼时，奥地利人俘获了随十字军东征的理查一世，但随后奥地利人觉得他没有利用价值，因而接受英国人的赎金，放回了他。这段城墙曾在1529年和1683年两度经受住了土耳其人的围攻，却没能抵挡住1809年拿破仑的进攻，在这场古老的城墙与现代化战争的较量中，城墙失去了昔日的军事作用。1857年，弗朗茨·约瑟夫颁布诏书《这是我的意志》（*Es ist meine Wille*），下令拆除城墙，工程于次年开始实施，一直持续到19世纪80年代。环城大道是19世纪两大城市现代化改造项目之一，另一个是巴黎的奥斯曼改造——用一条条宽阔笔直的林荫道无情地将密集的老城区分割开。维也纳的环城大道则有所不同，林荫大道环绕着老城区而建，道路两侧矗立着各式美观的公共建筑、公寓楼和如埃弗吕西家族等新贵的住宅。

1830～1890年，欧洲的大多数公共建筑都是基于过去的时代风格设计的。环城大道上的每一座建筑都按照其功能选择了契合的设计风格——市政厅和感恩教堂是哥特式的，议会大楼是希腊式的，城堡剧院、皇家歌剧院和维也纳艺术史博物馆是新文艺复兴式的。其结果是，这里成了一场历史上最盛大的奇装异服的建筑舞会。

考虑到歌剧在维也纳文化生活中的重要性，皇家歌剧院（现为维也纳国家歌剧院）毫无意外地成为第一个完工的建筑。建筑师爱德华·范·德·努尔和奥古斯特·西卡尔德·冯·西卡斯堡显然没有考虑到周围建筑的层高，导致歌剧院在整条街上显得过于低矮。当时的皇帝弗朗茨·约瑟夫评价说，这个建筑就好像是被人坐在上面压扁了一样。范·德·努尔因无法忍受批评所带来的羞耻感而上吊自尽。搭档冯·西卡斯堡则于几周后因病去世。因为这次事件，皇帝在之后几乎不太对美学问题发表个人意见，而多采用客套的外交辞令："这很好。我非常喜欢。"他甚至同意在1898年参观维也纳分离派的展览，尽管他并不那么赞同这些艺术和设计的新趋势。

克里姆特在职业生涯的早期，参与了环城大道上城堡剧院和艺术史博物馆两座建筑的壁画装饰工作，并于1888年因其在城堡剧院的工作获得了皇帝授予的金质十字勋章。同年，克里姆特受命在老城堡剧院被拆除之前记录剧院的内景及观众，这座建筑即将为建造新的霍夫堡皇宫让路。克里姆特最终完成了一幅包含近200人微型肖像的画作，这可以说是维也纳转型时期文化精英的群像画。

斯蒂芬·茨威格描述了这一画面对维也纳的意义："当曾首演过莫扎特《费加罗的婚礼》（*The Marriage of Figaro*）的老城堡剧院将被拆毁

19世纪和20世纪之交的维也纳

上图：维也纳国家歌剧院

下图：环城大道及其周边风景，如议会大楼、市政厅、新维也纳大学和老城堡剧院

时，维也纳整个上流社交圈像参加葬礼似的，神情严肃又激动地聚集在剧院的大厅里，帷幕一落下，所有人都冲上舞台，为的是至少能够捡到一块他们喜爱的艺术家曾踩过的舞台地板碎片，并将其作为珍贵的纪念品带回家去。即使是几十年后，在许多人的家里，还可以看到这些被珍藏在精致的小匣子里的碎片。”[1]

古斯塔夫 · 克里姆特的出生地：维也纳林茨大街247号（1967年拆除）

第三章：启程

就在环城大道这项伟大的工程开始实施之际，古斯塔夫·克里姆特于1862年7月14日出生在维也纳西郊一个叫鲍姆加登的小村庄里，不久，这里成了维也纳的一部分。克里姆特的父亲恩斯特是一位身份卑微的金属雕刻匠。在后页的肖像画中，老恩斯特仿照弗兰斯·哈尔斯的作品，身穿17世纪的荷兰服装，呈现出一副好斗的神情，很显然，他的性格十分暴躁。相比之下，恩斯特的妻子安娜天性阳光开朗，然而，1874年安娜五岁的女儿去世，这使她一度精神崩溃。安娜喜欢唱歌和看歌剧，克里姆特可能正是从她那里继承了对音乐的热爱。

安娜共育有七个子女，古斯塔夫·克里姆特排行第二。大女儿克拉拉（1860～1937年）患有严重的忧郁症，这或许表明了家庭遗传中的不稳定因素。小恩斯特（1864～1892年）可能是与克里姆特最亲近的兄弟。在职业生涯的最初几年，克里姆特、小恩斯特和他们的朋友弗兰兹·马奇一起练习和工作，不分彼此。小恩斯特娶了克里姆特终身伴侣艾米丽·芙洛格的姐姐海伦·芙洛格。1892年，年仅28岁的小恩斯特去世，同年，一场由父亲老恩斯特引发的危机改变了克里姆特的工作方向。

赫米内（1865～1938年）和姐姐克拉拉一样，终身未婚，她发挥家族的艺术特长，从事刺绣工作，克里姆特后来也对刺绣表现出了极大的兴趣。小儿子格奥尔格（1867～1931年）追随哥哥们的脚步前往应用美术学校学习，并成为一名成功的金属工匠，为克里姆特设计和制作了许多精美的画框。

三女儿安娜自出生就体弱多病，去世时才五岁。最后一个女儿约翰娜（1873～1951年）嫁给了一位会计师，不过她将克里姆特家族的艺术传统传给了她的儿子尤利乌斯·青佩尔（1896～1925年），青佩尔曾担任维也纳工坊的艺术总监，然而不幸英年早逝。

《老恩斯特·克里姆特》，恩斯特·克里姆特，布面油画，1892年

在三女儿安娜离世的同时，克里姆特一家面临着巨大的经济压力，这标志着古斯塔夫·克里姆特的童年生活进入低谷期。环城大道及其周围宏伟建筑的建造，还有维也纳的现代化进程，使民众陷入盲目的乐观情绪，并导致疯狂的投机行为。事后看来，维也纳为了与伦敦和巴黎竞争，决定在1873年举办世界博览会似乎有些过于自大。展览的主会场由苏格兰设计师约翰·斯考特·拉塞尔设计，是一个巨大的金属和玻璃结构圆形大厅。维也纳世博会吸引了超过700万参观者，被认为是一次成功的展览。但就在这次世博会开幕八天后的1873年5月9日，维也纳股市崩溃，从而引发了持续数年的全球经济衰退。银行和公司的相继破产，对维也纳的经济造成了尤其严重的影响。克里姆特父亲的生意也因此受到重创，全家被迫搬去一个更经济实惠的住处。

由于有七个孩子要养活，克里姆特一家在金融危机的阴霾下过得格外煎熬。从1860年大女儿出生起，他们便频繁地变更住处，这一情况直到1890年才有所好转。尽管克里姆特出生的房子在20世纪60年代被拆毁，但我们仍可以通过现存的照片了解它的情况，房子看起来有些像农居，非常朴素且带有田园风。到了19世纪80年代初，克里姆特和弟弟小

左图：为维也纳世界博览会制作的《城市之花》（展开状），呈现了世博会的风光，1873年
右图：维也纳世界博览会鸟瞰图，约1873年摄

恩斯特都已开始赚钱，在经历数次住处变更后，一家人从位于第三区玛利亚希弗大街的阁楼搬到了一个有下沉式庭院的公寓。在19世纪，住所楼层的降低意味着生活水平的提升。1890年，克里姆特一家搬到了位于维也纳火车西站大街的一幢现代化公寓楼里，公寓十分漂亮和小资。在克里姆特1918年去世前，他一直与他未婚的姐妹克拉拉和赫米内住在这幢公寓的三楼。

克里姆特接受的学校教育并不多，与那个年代其他工人阶级家庭的男孩别无二致。14岁时，克里姆特进入应用美术学校读书，他的父亲也曾在这所学校学习。克里姆特后来的文学功底大多来自他的自学。他喜欢在画肖像的时候朗诵但丁和彼特拉克的诗，他的口袋里永远有但丁的《神曲》（*Divine Comedy*）和歌德的《浮士德》（*Faust*）。

在克里姆特还无力雇佣专业模特之前，他以家人为模特绘制了许多肖像画。在其中一幅画里，克里姆特的弟妹海伦·芙洛格和她的父亲赫尔曼·芙洛格身穿16世纪传统服饰，站在维也纳艺术史博物馆的楼梯上。不仅如此，克里姆特在为老城堡剧院绘制的内景画中，也加入了自己家庭成员的身影。

上图：古斯塔夫·克里姆特和艾米丽·芙洛格在阿特湖泛舟，1909~1910年摄

下图：古斯塔夫·克里姆特与朋友在阿特湖边散步，1907年摄

第四章：克里姆特的生活与性格

克里姆特是一个沉默寡言的人。他肌肉发达、头发蓬乱、粗俗却又英俊，人们很难将克里姆特的外形与其作品中的优雅、颓废联系起来。在私人生活中，克里姆特既不是花花公子，也不是唯美主义者，尽管他为富人作画，并受到他们的欢迎，但他却不是一个社交名流。如果硬要给克里姆特下一个定义，那或许是“体面的社会人”。克里姆特可以和知识分子交流，也可以和阿尔玛·马勒这样的名媛调情。在许多照片中，克里姆特打扮得体，穿着昂贵且合身的套装，并搭配不同的腰封。他热爱运动，摔跤、划船和击剑等都是他喜欢的项目，当然，他也深深地爱着大自然。克里姆特喜欢置身于迷人的欧洲风景中，他常常去维也纳的近郊散步，并多次与芙洛格姐妹像家人一样在阿特区度假（对于像克里姆特这样专注于创作的艺术家而言，假期显得难能可贵）。

克里姆特十分注重个人隐私且显然没有太大的虚荣心，我们能够详细地了解他个人生活的方方面面，主要得益于克里姆特对摄影的热爱。本书中的大部分照片都是由克里姆特本人或他的朋友在日常生活中的非正式场合拍摄的，为我们呈现了更鲜活的克里姆特，花园里的克里姆特、假日中的克里姆特、在阿特湖泛舟的克里姆特、在野餐或在化装舞会上的克里姆特、1906年伦敦之行中的克里姆特、母亲70岁生日时的克里姆特……这些照片不禁令人联想到如今这个更加自恋和热衷于自我表现的时代中社交媒体上的照片。

在温克尔斯多夫的普里马维斯家举办的一次艺术家聚会上，古斯塔夫·克里姆特身着由维也纳工坊制造的织物“瓦迪尔”制成的长袍，1916年摄

克里姆特十分有女人缘。据阿尔玛·马勒回忆：“他置身于一张由女人、孩子和姐妹组成的大网中，她们为了争夺他的爱而成为竞争对手。”[1] 克里姆特对女人有着强烈的吸引力，包括美丽的阿尔玛。阿尔玛在日记中描述了她与克里姆特那段无疾而终的关系，虽然转述因阿尔玛的自恋倾向而并不完全符合事实，但她向我们展示了克里姆特十分罕见的一面。阿尔玛第一次提到克里姆特是在1898年2月9日，当时阿尔玛刚与伟大的女高音歌唱家莉莉·雷曼在宫廷歌剧院共同演出了一场《费德里奥》（*Fidelio*），她正处于一种兴奋的状态。“没有什么比夸我独一无二更能令我高兴的了，就比如克里姆特说的：‘你真是一个特别的女孩，可你为什么要做这些、那些或者其他与别人一样的事呢？’”3月10日，在阿尔玛和克里姆特被两人共同的朋友邀请聚餐后，阿尔玛对克里姆特的兴趣更深了一层。“克里姆特真是一个不错的人……妈妈说：‘齐雷尔夫妇一定也意识到了你们不一般的关系，克里姆特整晚都和你坐在一起聊天。’他很兴奋，向我介绍了他的创作，然后我们讨论了《浮士德》，他和我一样喜爱这部作品。哦，他真的是一个令人愉快的朋友。他毫不做作、态度谦逊——是一个真正的艺术家！”

左图：阿尔玛·马勒（原名阿尔玛·辛德勒），1900年摄

右图：古斯塔夫·克里姆特，卡尔·舒斯特，1892年摄，来自索尼娅·克尼普斯的素描本

阿尔玛在3月27日的日记中写道："我有点生他的气了，因为他说我被太多殷勤的关注宠坏了，变得自负和肤浅。"但是显然，阿尔玛在3月31日前原谅了他："我习惯走得很快。突然，我听到身后急促的脚步声，我猜那就是克里姆特，但我并没有停下，而是撑着伞继续向前走——那脚步声也没有停止，很快他追上了我。'你可以躲在雨伞后面，走得越来越快，但是你没法甩开我，'克里姆特说，'你介意我和你一起走吗？'我说不介意，尽管我的内心充满了迟疑。于是我们在雨中并肩走着，那一段路我走得非常开心。但当他说他想护送我回家时，我拒绝了……我为什么没有答应他的请求，和他一起走？那一定会很有趣的！"

年轻的阿尔玛出生于一个富裕家庭，似乎对克里姆特的爱情状况了如指掌，她曾在日记中颇为恼怒地提到了克里姆特"法律上的妹妹"（大概是艾米丽，而不是海伦·芙洛格）。1898年春天，阿尔玛还与来访的比利时艺术家费尔南德·赫诺普夫陷入了一段短暂的暧昧关系。4月13日，阿尔玛记录了赫诺普夫俏皮的恭维话，并写道："我和克里姆特一句话都没有说。"克里姆特和阿尔玛之间的关系始终像猫捉老鼠般令人捉摸不定，直到一天晚上克里姆特越过了礼仪的界限，在威尼斯圣马可广场夺取了阿尔玛的初吻。

毫无疑问，这成了阿尔玛日益激情澎湃的日记中的一部分。“我刚找到那张有克里姆特的照片，我还曾想把它放到这里（日记本里）……事实上，当我今天再次看到这张照片时，我感觉到，我的反抗是徒劳的。我沉得越来越深，快被淹死了，我简直难以形容这种痛苦。”接着，阿尔玛又提到了另一张克里姆特和朋友们的合照，“我真想剪下他迷人的形象，这样我只要看他就可以了，不过没有这个必要。因为除了他，我的眼里容不下任何别的男人。”然而，阿尔玛的继父卡尔·默尔是克里姆特的同事兼密友，因此当默尔和妻子发现女儿恋情的端倪时，他们决定把这份刚萌芽的爱情扼杀在襁褓中。为此，克里姆特给默尔写了一封言辞恳切的道歉及辩解信。这是克里姆特留下的信件中最长的一封，我们非常有必要对它进行长篇引用，从而进一步了解这位沉默寡言的艺术家：

阿尔玛经常坐在我旁边，我们会探讨一些无伤大雅的话题……我从来没有真正地向她求爱——即使有，我也并没有对此怀抱太大的幻想，因为我知道，有许多绅士都曾去您家中向她示好——我想这其中定有很多误会……就在最近，当我决定去佛罗伦萨旅行时，我注意到一些事，这位年轻的女士一定听到了许多关于我的传闻，当然这其中有些是真的，有些是假的。我并不完全了解，也不想去了解那些关于我的传闻，但有一点我很确定——我是个可怜的傻瓜。长话短说，从一些颇具暗示性的提问和评论看来，这位年轻的女士并不像我起初想的那样，对这些事情完全不关心。这让我很害怕，因为我对真爱只有敬畏和尊重，而且我很矛盾，因为这段感情与我们之间的真挚友谊产生了冲突，于是我安慰自己，这一切只是阿尔玛的一个小游戏、一种情感的宣泄。阿尔玛美丽、聪慧和机敏，她符合一个有鉴别力的男人对女人的一切期待……但即使这只是一场游戏，它对我来说也是灾难性的，有了这段经历我将会更加理智，这成了我的弱点……

接着来谈谈威尼斯的那个夜晚。我是一个愤世嫉俗的人，有时会表现出一些恶意，但我并不想伤害别人，因此我常常会在事后陷入深深的自责。威尼斯那天也是如此。我当时喝多了，行为完全不受大脑的控制，请您相信，我绝不是在为自己开脱——我甚至比平时更口无遮拦。你也许听到了某些传言，并觉得当时的我太邪恶了、太坏了……亲爱的默尔，请原谅我和阿尔玛小姐，我认为她很快就会忘记这一切。[1]

事实上，阿尔玛一生都铭记着自己在圣马克广场上初吻时的狂喜。

克里姆特声称他没有向阿尔玛求爱，这是不诚实的。对克里姆特这样阅历丰富的男人来说，把责任推到一个年轻到可以做他女儿的女孩身上，这太不绅士了，甚至可以说是可耻的行为。然而，如果我们相信了阿尔玛在日记中为自己描绘的那个精于世故和充满算计的形象，那么克里姆特的叙述可能是真实的。

在职业生涯初期，克里姆特将女性作为自己的主要描绘对象，这在1870～1914年并不罕见。德加、雷诺阿、费利西安·罗普斯、埃勒、古斯塔夫·莫萨和乔瓦尼·波尔蒂尼等诸多艺术家也都将关注点聚焦在了描绘女性形象上，只是没有克里姆特那么疯狂。

克里姆特的性欲望是个传奇。关于他与委托画像的上流社会女性之间的传闻，在当时层出不穷。不管这些传闻是否有事实依据，在克里姆特的整个职业生涯中，他确实每天都有机会与那些在他工作室里摆姿势的模特发生些什么。19世纪，人们普遍认为，任何准备为了钱脱掉衣服的女人都是可以与之发生性关系的。19世纪早期，德拉克洛瓦通过在日记本的边缘空白处画十字，来记录他与模特发生性关系的次数，并哀叹他在性事上花费的精力远远超过了作画。埃朗·安德烈就是这样一位模特，她曾为德加和雷诺阿等许多艺术家工作，在《巴黎美人》（*The Pretty Women of Paris*）中有这样一段对她的描述："这是一个非常漂亮的女人，身材匀称，但才华有限。她的大部分情人是居住在首都的艺术家，当然，她在大部分时间的身份是他们的模特。她拍了许多不同姿势的照片，不过照片中的她多为裸体。这些照片在巴黎随处都能买到，价格很便宜。”在工作室里，克里姆特常穿着像僧袍一样的宽松工作服，这不仅便于他随时进行杂乱无章的绘画工作，也便于他与模特发生更亲密的关系。

克里姆特可能有多达16个私生子。在克里姆特去世后，有14人声称是他的私生子，并上诉要求继承遗产，但仅有四人胜诉。这些人中还不包括在襁褓中就夭折的儿子奥托，也未包括男爵夫人伊丽莎白·巴赫芬–埃希特，伊丽莎白后来声称她的生父是克里姆特，以此逃脱纳粹的迫害。克里姆特生前只承认过三个孩子：与模特玛丽亚·乌克卡生的儿子古斯塔夫，以及与另一位模特米兹·兹曼尔曼生的两个儿子古斯塔夫和奥托。克里姆特曾给予她们经济上的支持，并且多年来一直与她们保持着亲密的通信关系。

克里姆特一生未婚，这或许是因为他像剧作家乔治·伯纳德·萧一样相信，“在所有人类的斗争中，没有什么比男艺术家和为人母的女人之间的斗争更充满尔虞我诈、更凶险的”，克里姆特认为创造力和家庭生活是不相容的。克里姆特与父亲复杂且疏离的关系使他在处理家庭问题时与高更、罗丹结为同盟，尽管有证据表明，他对自己承认的三个孩子还是颇为关心的。

成年后的克里姆特一直与一名女性保持着某种特殊的关系，那就是他弟妹的妹妹艾米丽·芙洛格。小恩斯特·克里姆特和海伦·芙洛格于1891年结婚，不久后便有了女儿海伦。1892年，在小恩斯特毫无预兆地去世后，克里姆特成为侄女的监护人，也因此成了芙洛格家中的常客。克里姆特和艾米丽第一次见面时，艾米丽才18岁，学界对两人的关系至今争论不休。有人认为，他们有过短暂的恋爱时光，后来发展成深厚的友谊；另一些人则认为，在这段感情中，两人并未发生过爱情关系。克里姆特在阿特湖镇度假时认识的朋友鲁道夫·舒赫回忆道：“他把芙洛格家最小的妹妹视为他的新娘，在他眼里艾米丽有着惊为天人的美貌。”[2] 从多年来克里姆特和艾米丽的众多合照中我们可以看到，他们之

《艾米丽·芙洛格肖像》（*Portrait of Emilie Flöge*），带框的卡纸色粉画，67厘米×41.5厘米，1891年，私人收藏

上左图：维也纳工坊的第123号明信片，由古斯塔夫·克里姆特写给艾米丽·芙洛格

上右图：维也纳工坊的第69号明信片，由古斯塔夫·克里姆特写给艾米丽·芙洛格，1908年7月7日

下图：古斯塔夫·克里姆特和艾米丽·芙洛格在阿特湖镇夹竹桃别墅的花园里，1910年摄

间有着一种相互爱慕且亲密的关系。1999年在苏富比拍卖的约200封克里姆特写给艾米丽的信件和明信片，同样给人留下了类似的印象。克里姆特曾在同一天里给艾米丽写了整整八封信，信里并没有什么豪言壮语，而是事无巨细地记录了自己的日常生活和健康状况。也许与德加一样，克里姆特也是那种把女人分为两类的男人，在他眼中，一类女人是可以与之进行社会层面交往的，另一类则是可以与之发生性关系的。不过，有传言说克里姆特曾与委托他绘制肖像的上流社会女性发生了性关系，这使事情变得复杂起来，因为按照前面的定义，他与这类女性的关系应该只停留在社交层面。

克里姆特是他那个时代收入较高的肖像画家。如果他想，他完全可以委托朋友兼同事约瑟夫·霍夫曼设计建造一座宫殿式的别墅作为工作室，就像弗雷德里克·莱顿、劳伦斯·阿尔玛·塔德玛、伦巴赫、弗兰兹·冯·斯泰克和其他许多19世纪晚期的成功画家那样。美观豪华的房屋或工作室常常能吸引那些富有的客户。法国作家埃德蒙·德·龚古尔参观画家詹姆斯·蒂索位于伦敦郊区圣约伍德的工作室别墅后，留下了一段精彩而尖刻的评论：蒂索雇佣身穿制服的男仆为富有的访客提供香槟，并不断擦拭着植物的叶子。而在维也纳，画家汉斯·马卡特也拥有一个巨大且豪华的工作室，工作室被鲁道夫·冯·阿尔特以照片和细致的水彩画记录下来，并成了维也纳人文化生活的重要中心。克里姆特还是一名学生时，就对马卡特著名的工作室充满了好奇，他贿赂了一名仆人，让仆人带着自己在大师的午睡时间进入工作室四处看看。[3] 不过克里姆特并不想效仿这种奢华的生活方式。相反，克里姆特在成名后仍然选择与他的母亲和姐妹们合住在火车西站大街的公寓里。

1891年起，克里姆特开始在位于约瑟夫城市大街的工作室工作。起初这是一个属于他、他的弟弟小恩斯特和同学弗兰兹·马奇的共享工作室，不过，在小恩斯特去世后，马奇便另辟门户，这个工作室由克里姆特完全接管，直到1911年被拆除。约瑟夫城市大街的工作室有一个迷人的私人花园，虽然按照“美好年代”（指19世纪末到一战爆发前）的标

古斯塔夫·克里姆特在维也纳第八区约瑟夫城市大街21号工作室前的花园里，约1910年摄

准，工作室远称不上“豪华”，但这个花园充满了趣味性，即使与当时其他著名艺术家如马克斯·利伯曼、埃米尔·诺尔德以及克劳德·莫奈的花园相比也毫不逊色。花园的布局相当随心所欲，克里姆特会在花园里种下一些自己想画的花，从中我们也可以看出他的个性，就像通过井井有条的吉维尼花园，我们可以感受到莫奈更有规划、更有条理的个性一样。在克里姆特对（自己及其他人的）花园的描述中，最吸引他的是绚丽的——甚至可以说是充满情欲的——大自然的繁衍性。

克里姆特的工作室及其花园里还有一群猫。克里姆特的朋友埃米尔·皮尔坎回忆道：“六只、八只或者更多的猫在这里追逐打闹，而且因为克里姆特十分喜爱猫，不愿意将它们赶走，所以我们不得不暗中杀死一些，使画作免受数量激增的猫群的破坏。”[4]

《花园》，布面油画，110厘米×110厘米，1905~1907年，私人收藏

在一张拍摄于1910年前后的照片中，我们得以一窥克里姆特位于约瑟夫城市大街的工作室，工作室层高不高，布置非常简单，房间的一角立着一个人体骨骼模型，墙角处靠着克里姆特的画作《希望》（*Hope*）。由同事约瑟夫·霍夫曼设计的时尚优雅的家具，在这个简单到有些质朴的工作室中显得怪异且格格不入。

1911年，克里姆特被迫搬离位于约瑟夫城市大街的工作室，搬去位于费尔德米勒路的工作室，这也是他最后的工作室。一张拍摄于克里

上图：位于约瑟夫城市大街21号的克里姆特工作室的前厅，约1910年摄

下图：位于费尔德米勒路11号的克里姆特工作室的前厅，约1918年摄

姆特去世不久后的照片显示，新工作室虽然比约瑟夫城市大街的工作室要优雅得多，但仍与奢华的马卡特工作室相去甚远。工作室的各个角落巧妙地布置着霍夫曼的家具，白色的墙壁上对称地装饰着巨幅中国画以及带有简洁画框的日本木版画。年轻的埃贡·席勒参观这个工作室后，留下一段带有敬畏之情的记录："一进门，首先进入的是前厅，前厅左侧的门通向接待室。前厅的中央放着一张方桌，四周的墙壁上密密麻麻地挂着多幅日本木版画，以及两幅中国画，地板上放着非洲雕塑，墙角放着一套红黑相间的日本盔甲。前厅可以通往两个房间，从其中的一个房间里能看到花园中的蔷薇丛……克里姆特向我们展示了几幅他正在创

位于费尔德米勒路11号的工作室的花园，约1915年摄

作的画。他画了一系列女性肖像，以及以希兹京区为背景的人物画……还有大量的风景画，描绘了当时维也纳人不太熟悉的阿特湖和加尔达湖……此外，还有数百幅手稿躺在费尔德米勒路的工作室里，都是些只能在某个展览中偶遇的作品。”[5] 克里姆特去世后，席勒提出：“这里的任何东西都不该被移走，因为克里姆特的工作室是一个整体，它本身就是一件艺术品，不应该被破坏。未完成的画、画笔、画桌、调色板也应保持原样，这里应该作为克里姆特博物馆向公众开放。”[6]

《陶尔米纳剧院》，大理石灰泥底油画，维也纳城堡剧院，1886 ~ 1888年

第五章：风格的初现

除了古斯塔夫·克里姆特的作品，我们很难在宽敞的画廊中轻易辨别出其他大部分艺术家的作品。当然，大部分艺术家也不会像克里姆特那样，毫无顾忌地从他人的作品里窃取灵感。克里姆特成熟时期的风格中混杂着各种元素，有汉斯·马卡特和拉斐尔前派的装饰感、詹姆斯·麦克尼尔·惠斯勒的唯美主义、费尔南德·赫诺普夫的象征主义、克劳德·莫奈的印象派、文森特·凡·高的表现主义、费迪南德·霍德勒和弗兰兹·冯·斯泰克的矫饰主义、委拉斯开兹的哈布斯堡肖像风格、拉文纳的马赛克、希腊的花瓶画以及日本的版画。在音乐领域有一个与克里姆特非常类似的人——贾科莫·普契尼，两人处于同一时代，都十分喜欢将各种风格大杂烩般地融合在一起。最重要的是，他们能够将其他的风格巧妙地融入自己那具有强烈个人特色的风格中。正如毕加索所说，二流的艺术家模仿别人的作品，一流的艺术家则窃取别人的灵感。克里姆特和普契尼可以将各种风格融合在一起，创造出一种完全个人化的风格，这是一种非凡的能力，而非灵感匮乏的表现。

古斯塔夫·克里姆特追随着金匠父亲的脚步进入维也纳应用美术学校，而没有去更负盛名的美术学院接受成为一名艺术家的训练。这所应用美术学校创立于1868年，由奥地利艺术博物馆和奥地利工业博物馆联合创建，这很大程度上受到伦敦南肯辛顿博物馆（现为维多利亚和阿尔伯特博物馆）创办其附属学校（现为皇家艺术学院）的启发。这所学校的办学目的是培养熟练的手工艺工作者而不是优秀的艺术家。对克里姆特而言，维也纳应用美术学校的优势在于，它并非一所秉承臭名昭著的保守主义且因

费迪南德·劳夫贝格尔在维也纳应用美术学校教授的班级：前排左起是费迪南德·劳夫贝格尔、古斯塔夫·克里姆特和恩斯特·克里姆特，第三排左侧穿着深色西装的是弗兰兹·马奇，约1880年摄

循守旧的学院。这所学院最出名的是，它两次以“不适合画画”为由拒绝了阿道夫·希特勒的入学申请——这很可能是这一时期在维也纳做出的所有决定中，对人类20世纪的进程影响最大的一个决定（译注：另一种较为普遍的观点认为，当年两次拒绝希特勒的是维也纳美术学院）。

克里姆特的求学经历与罗丹十分相似，就在几年前，罗丹因没有获得享誉盛名的巴黎美术学院的入学资格，转而进入一所应用美术学校学习。这使得克里姆特和罗丹对外界的新鲜事物更有包容性，在艺术创新时也更不受拘束。对于所有艺术家，即使是从事应用艺术和装饰艺术的艺术家，人体素描都是艺术教育的基础。学生时代的克里姆特绘制了大量的人体素描，它们大多数保存至今，事实上，在19世纪晚期，几乎所有受过良好训练的艺术家都可以画出这些画。与罗丹一样，克里姆特在人物绘画中习得的技能，在他之后的职业生涯里起到了不可忽视的作用。

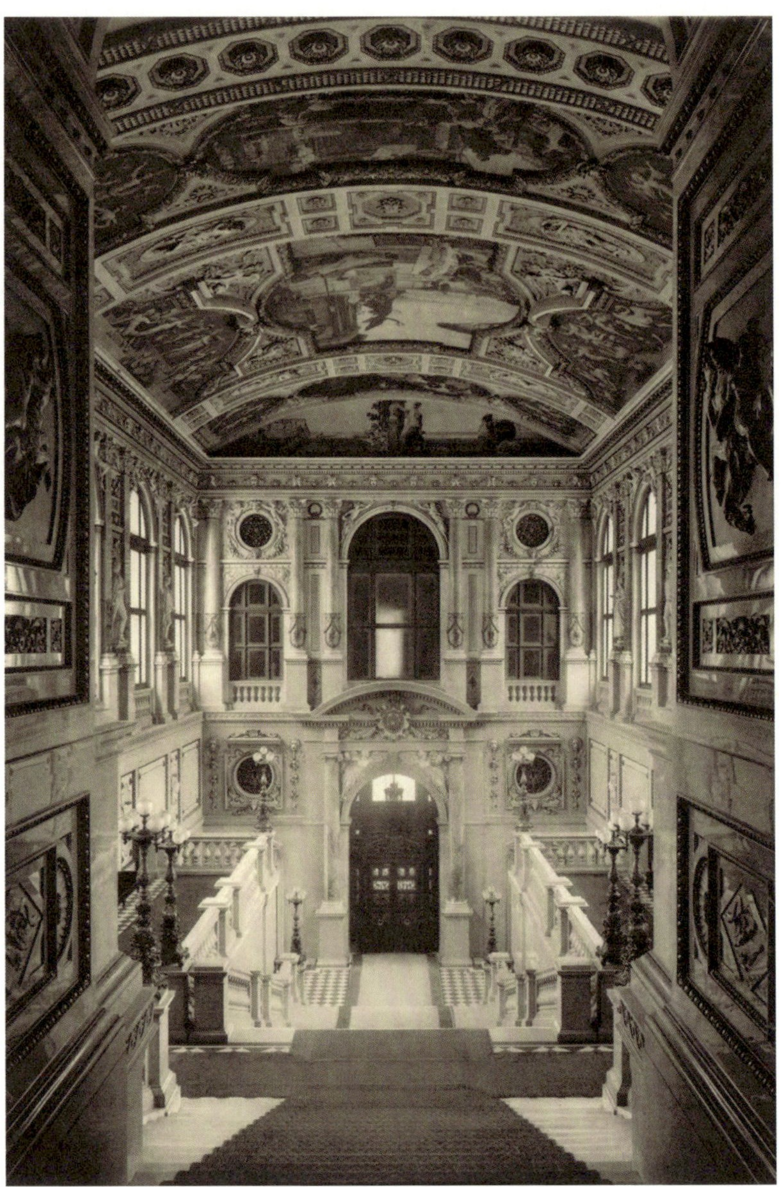

维也纳城堡剧院北侧楼梯处的古斯塔夫·克里姆特的作品，1894年摄

不久，克里姆特的弟弟小恩斯特也进入了应用美术学校。兄弟俩与同学弗兰兹·马奇结成了亲密的同盟。费迪南德·劳夫贝格尔教授是这三位年轻艺术家的导师，他不仅在教学中为他们日后的工作打下了良好的基础，而且为第一次失业时的他们提供了帮助和支持，甚至在1883年把即将毕业的他们推荐给了以剧院设计为主业的费尔纳与赫尔默建筑公司，将他们引入了剧院设计领域。1870～1914年，欧洲各地的剧院异军突起。在英国，仅弗兰克·马彻姆、伯蒂·克鲁和威廉·乔治·罗伯特·斯普拉格三位建筑师就承担了200多个剧院的设计工作。费尔纳与赫尔默建筑公司在德国、哈布斯堡王朝以及乌克兰的敖德萨等地可谓是龙头企业，设计了大约200栋建筑，主要是剧院。

在约瑟夫城市大街的工作室里，克里姆特兄弟和马奇团队为费尔纳与赫尔默建筑公司设计的众多剧院策划了一系列装饰方案，其中包括位于卡尔斯巴特的疗养院（1880年）、赖兴贝格的城市剧院（1882～1883年）、阜姆的城市剧院（1883～1885年）、布加勒斯特的国家剧院（1885年）和卡尔斯巴特的城市剧院（1884～1886年）。

克里姆特兄弟和马奇团队通过国内外的各项设计不断证明着自己的实力，他们的名望在1886年接受新城堡剧院楼梯天顶画的委托时达到了顶峰。新城堡剧院位于环城大道，由当时的著名建筑师戈特弗里德·森佩尔和卡尔·冯·哈森瑙尔男爵设计。天顶画的主题来源于西方戏剧史。其中，古斯塔夫·克里姆特负责创作《泰斯庇斯的马车》（*The Cart of Thespis*）、《伦敦莎士比亚环球剧院》（*Shakespeare's Globe Theatre in London*）、《陶尔米纳剧院》（*The Theatre of Taormina*）、《狄俄尼索斯祭坛》（*The Altar of Dionysus*）和《阿波罗祭坛》（*The Altar of Apollo*）。在创作时，克里姆特会先对大理石和石灰底的表面进行特殊处理，再在上面作画，这样与传统的湿壁画相比，画面能呈现出更明亮的色彩和更精致的细节。

《悲剧的寓言》（*Tragedy*）素描稿，缀以白色和金色高光、黑色粉笔、铅笔和水彩，41.9厘米×30.8厘米，1897年，维也纳博物馆藏

《伦敦莎士比亚环球剧院》，楼梯旁的大理石底油画，维也纳城堡剧院，1888年

传记作家克里斯蒂安·内贝海指出，克里姆特《陶尔米纳剧院》前景中裸体女性的姿势与弗雷德里克·莱顿《沐浴的普赛克》（*The Bath of Psyche*）有着惊人的相似之处。我并不否认克里姆特知道莱顿的这幅作品，但需要说明的是，直到克里姆特《陶尔米纳剧院》完成的两年后，《沐浴的普赛克》才于1890年展出，因此，两者的相似性必然是由一个共同的灵感导致的，这个灵感很可能源于那不勒斯卡波迪蒙特博物馆中的一座古老雕像，即《臀部优美的维纳斯》（*Callipygian Venus*）。事实上，克里姆特对纷杂历史的视觉认识，与其说与莱顿、费尔巴哈、阿尔伯特·摩尔或皮维·德·夏凡纳等19世纪高瞻远瞩的古典主义者有关，不如说与阿尔玛·塔德玛、热罗姆等艺术家有关，后者试图以类似摄影的方式高度还原历史画面。

在《伦敦莎士比亚环球剧院》中，克里姆特描绘了伊丽莎白女王时代《罗密欧与朱丽叶》的最后一幕，克里姆特的摄影风格及其对摄影研究的依赖在这幅画中表现得格外明显。在克里姆特的一些摄影风格习作

维也纳艺术史博物馆的楼梯，博物馆由戈特弗里德·森佩尔和卡尔·冯·哈森瑙尔男爵于1871～1891年设计建造

中，他的兄弟姐妹总是身着历史服装，有一次，小恩斯特甚至将自己装扮成了垂死的罗密欧。《伦敦莎士比亚环球剧院》中运用的光线和学院派技巧，有些类似于热罗姆和卡巴内尔等艺术家在当时巴黎沙龙中广受欢迎的作品，甚至与卡巴内尔在1870年完成的《里米尼与马拉泰斯塔之死》（*Death of Francesca da Rimini and Paolo Malatesta*）有着惊人的相似性，这实在不能简单地归于巧合。

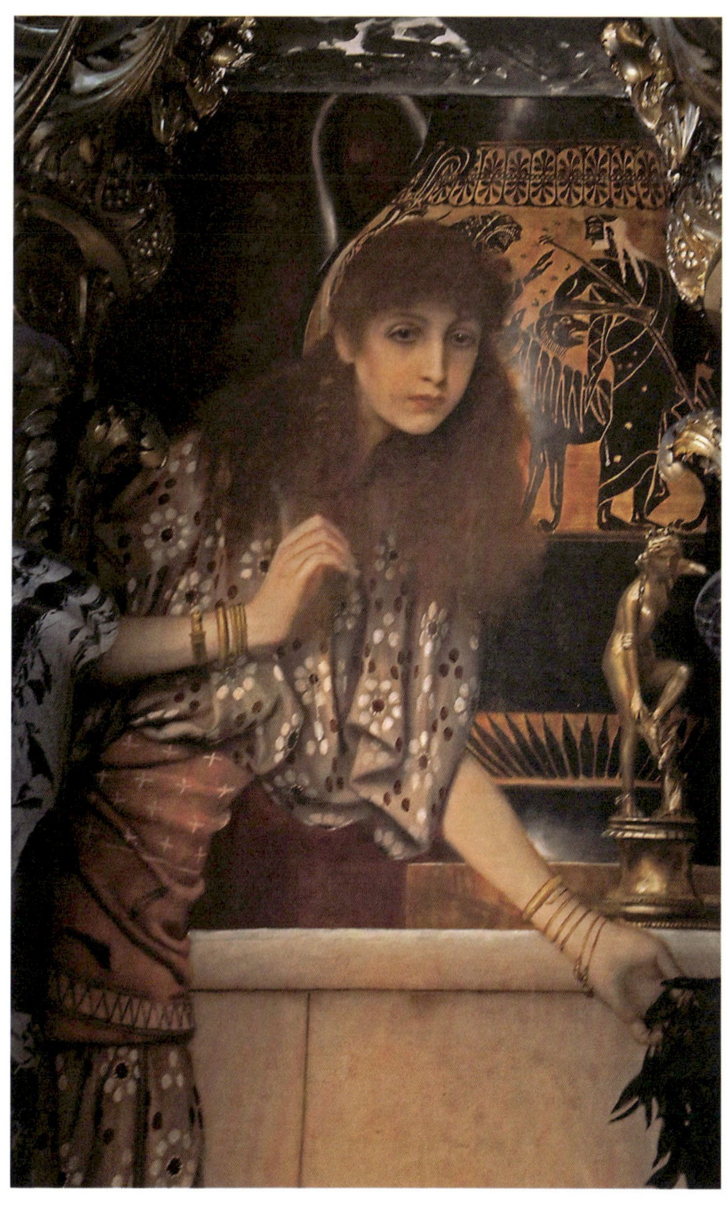

《古希腊2》，油画，230厘米×80厘米，1890～1891年，维也纳艺术史博物馆藏

克里姆特在新城堡剧院的工作完成得非常出色，但在这份工作中他并没有过多地展露自己的艺术风格。事实上，如果没有书面证据，我们很难将克里姆特的工作与另两位同事的工作区分开。相比之下，克里姆特为维也纳艺术史博物馆入口楼梯绘制的作品，则带有更强的个人风格。维也纳艺术史博物馆同样位于环城大道，由戈特弗里德·森佩尔和卡尔·冯·哈森瑙尔男爵在1871～1891年操刀重建。起初，博物馆委托的艺术家是环城大道的"画家王子"汉斯·马卡特。但1884年，年仅44岁的马卡特不幸去世，此时，他只完成了12个弦月窗。于是，委托方希望马奇和克里姆特兄弟根据马卡特的手稿来完成天花板中央区域的绘制，这着实是一件费力的工作。不过，最终这一区域被委托给了另一位著名的匈牙利"画家王子"米哈伊·冯·穆卡西斯，他得到了50 000荷兰盾的巨额报酬。

克里姆特则承担了另一项在许多艺术家看来十分吃力不讨好的任务。他需要完成八个拱肩和三个柱间的墙面装饰，它们无疑都是建筑中非常尴尬的位置。这次挑战的成功向世人展示了克里姆特最突出的特长——他能够在完成空间装饰时兼顾美观性和寓意性。这些墙面根据馆内藏品分别展示了从古埃及到意大利文艺复兴时期的艺术风格，也表现出了克里姆特作为折中主义者的爱好。克里姆特显然非常乐于在博物馆的藏品中找寻历史细节，并以此装饰对应的墙面，但无论壁画是结合了埃及、希腊、佛兰芒还是意大利文艺复兴的风格，它们仍带有显而易见的克里姆特风格。在以希腊艺术为主题的墙上绘有一个年轻女子，她梳着拉斐尔前派风格的发型，散发出19世纪末的独特魅力，这似乎也预示了克里姆特后来画作中的女性形象。

尽管克里姆特为维也纳艺术史博物馆绘制的壁画从其本身来看无疑是成功的，但却与楼梯旁的其他壁画格格不入，尤其是米哈伊·冯·穆卡西斯绘制的带有华丽透视错觉的天顶画。这一问题在克里姆特为维也纳大学绘制天顶画时进一步加剧，这也是克里姆特最后一次接受此类委托。

分离派第一次展览的海报（审查版），石版画，62厘米×43厘米，1898年，维也纳博物馆藏

第六章：分离派

19世纪末，为了促进德国近代艺术的发展，增进德语地区民众对国际现代主义的认识，几本德语艺术杂志相继问世，包括《装饰艺术》（*Dekorative Kunst*，由弗里德里希·布鲁克曼和朱利叶斯·迈耶–格雷夫于1887年创办）、《邦》（*Pan*，由诗人理查德·德默尔、奥托·尤利乌斯·比尔鲍姆和无处不在的朱利叶斯·迈耶–格雷夫于1895年在柏林创办）以及更加保守和民族主义的《德国艺术与装饰》（*Deutsche Kunst und Dekoration*，1897年）。最初，这些杂志对维也纳及其艺术界的态度即使不是完全蔑视，也有些屈尊俯就。杂志想要彻底清除象征保守主义堡垒的维也纳及其代表的一切旧事物，尤其嘲弄了像华而不实的婚礼蛋糕一样带有历史主义风格的环城大道，以及那些与它相伴的浮夸艺术。随着绘画艺术受到越来越多人的关注，一个问题逐渐突显，那就是维也纳美术家协会对艺术家的束缚。该协会成立于1861年，由帝国歌剧院的建筑师奥古斯特·西卡尔德·冯·西卡斯堡主持创办。作为维也纳唯一的展览机构，维也纳美术家协会的地位与19世纪中叶巴黎沙龙的地位相似。

然而，就在1897年，一切似乎在一夜之间发生了翻天覆地的变化，维也纳开始"走向现代化"。那年，活力四射的小马勒给宫廷歌剧院带来了一次改革，使其成为当时世界上最具活力和进步性的歌剧院。与此同时，一群先锋艺术家正在维也纳的咖啡馆里密谋创建一个更自由的展览机构，他们试图挣脱学院派艺术的枷锁，继而组建了维也纳分离派。维也纳分离派并不是在德语国家和地区成立的第一个分离派组织。早在1892年，慕尼黑分离派就已成立，紧随其后的是1898年成立的柏林分离派，但维也纳分离派是其中最重要且最有影响力的组织。19世纪后半叶，一批批进步的年轻艺术家渴望打破沉闷且压抑的传统体制，这成了当时普遍的国际现象。1874～1886年，巴黎举办了八场印象派展览，并于1884年成立独立沙龙。19世纪70年代，伦敦的格罗夫纳画廊展出了惠斯勒的《夜曲》（*Nocturnes*）和伯恩·琼斯的画作，毫无疑问，这些作品绝不可能被皇家美术学院接受。紧接着在1886年，一个更激进的组织——新英国艺术俱乐部成立，尽管在名称中加上了“英国”，但该组织对法国绘画的新趋势表现出了异常开放的接纳姿态。

奥地利视觉艺术家协会，又称分离派，于1897年4月3日成立。最初，创始成员并不打算辞去他们在维也纳美术家协会的职务。克里姆特以温和的措辞写信给维也纳美术家协会的委员会，并在信中解释了创始成员的动机：“正如委员会必须意识到的那样，协会里的一群艺术家多年来一直试图表达其艺术观点，即有必要将维也纳的艺术生活与国外的艺术发展更活跃地联系起来，组织一些纯粹艺术性的展览，而不是过多地考虑商业利益，从而在更大范围内唤醒一种纯净的现代艺术观；最后，使之得到官方的高度关注。”[1]然而，在暴躁、保守的协会负责人欧根–菲利克斯的领导下，维也纳美术家协会并不准备妥协，反而通过了一项对反叛艺术家的谴责动议，迫使克里姆特、约瑟夫·玛利亚·奥布里希、卡尔·默尔、柯罗曼·莫塞尔等13人退出协会。在随后的两年间，更多艺术家相继退出，直到1899年11月，以受人尊敬的建筑师奥托·瓦格纳的退出作为终结。

1898年，分离派杂志《神圣之春》（*Ver Sacrum*）在创刊的第一期中列出了分离派的50位创始成员，其中包括画家约瑟夫·恩格尔哈特、马克斯·库兹韦尔、卡尔·默尔、柯罗曼·莫塞尔（因应用大量几何元素的平面设计而闻名），舞台设计师阿尔弗莱德·罗勒，以及建筑师奥托·瓦格纳、约瑟夫·霍夫曼和约瑟夫·奥布里希。作为哈布斯堡王朝的公民，常住巴黎的捷克艺术家阿尔丰斯·穆夏也成了分离派的正式成员。此外，还有一些来自国外的成员，包括法国的阿曼·让、巴托摩

上图：银行家弗里茨·华恩多夫家的花园聚会，从左到右依次为约瑟夫·玛利亚·奥布里希、弗里茨·华恩多夫、柯罗曼·莫塞尔和古斯塔夫·克里姆特

下图：维也纳分离派创办时的合影，后排站着的左侧三位分别是约瑟夫·霍夫曼、卡尔·默尔（戴着帽子、握着手杖）和古斯塔夫·克里姆特，后排最右侧是头戴大礼帽的柯罗曼·莫塞尔，最前方是弗里茨·华恩多夫

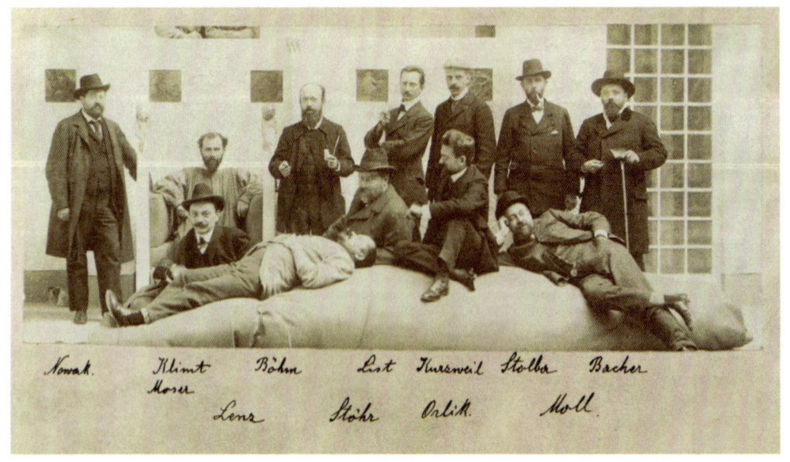

分离派艺术家在第十四次展览主厅的合影，后排从左到右依次为安东 · 诺瓦克、古斯塔夫 · 克里姆特（坐在费迪南德 · 安德利设计的椅子上）、阿道夫 · 伯姆、威廉 · 李斯特、马克西米利安 · 库兹韦尔、利奥波德 · 斯托尔巴和鲁道夫 · 巴切尔，前排从左到右依次为柯罗曼 · 莫塞尔（坐在克里姆特前面）、马克西米利安 · 伦茨（惬意地躺着）、恩斯特 · 斯托尔、埃米尔 · 奥里克和卡尔 · 默尔，1902年摄

姆、卡拉宾、卡莉 · 雷尔、埃勒、普维斯 · 德查瓦尼和罗丹，德国的弗兰兹 · 冯 · 斯泰克、马克斯 · 克林格和马克斯 · 利伯曼，瑞士的乔凡尼 · 塞冈提尼，比利时的康斯坦丁 · 梅尼尔，以及英国的沃尔特 · 克兰。尽管这些外国艺术家也从各个方面展现了先进性，但只有罗丹能被称为革命性的。不过至少在这个阶段，分离派正在谨慎地打开维也纳艺术界与国际现代主义之间的大门。

在第一期《神圣之春》中，编委会阐述了这个新组织的规划："我们渴望这样一种艺术，既不受外国势力制约，又不惧怕来自国外的敌意。国外的艺术应该成为自我反省的动力。如果国外的艺术是好的，那么我们可以认可它、赞美它，但这并不意味着要完全模仿它。我们希望把国外的艺术带回维也纳，这么做不仅是为了艺术家、学者和收藏家，更是为了召唤出愿意接受艺术的人，唤醒每个人心中潜藏的对美和自由的思考及感受。"[2]

最初，在分离派中，大多数与外国艺术家的联系都是通过画家约瑟夫·恩格尔哈特建立的。恩格尔哈特是一位与克里姆特风格迥异的艺术家，他游历广泛，掌握多种语言，曾前往欧洲艺术的中心巴黎和慕尼黑学习。恩格尔哈特回忆道："正是在德国和法国的学习经历，使我有机会结识许多相关的艺术家，同时掌握了一些必要的语言，也因此，我能够前往德国、法国、比利时和英国等地旅行，并利用这些机会为分离派的发展提供必要的帮助。在这些旅行中，我与当时几乎所有伟大的画家和雕塑家都建立了良好的私人关系，并成功地使其中的大部分艺术家开始相信这个新组织所向往的崇高艺术目标。这些艺术家包括雕塑家罗丹、巴托摩姆、拉哈，以及画家贝纳尔、博尔迪尼、布朗温、卡莉·雷尔、达仰–布弗莱、迪尔、赫特里希、赫诺普夫、克林格、莱弗里、梅尼尔、皮维·德·夏凡纳、拉法埃里、罗尔、罗普斯、萨金特、斯旺、乌德、惠斯勒等。这些艺术家以及其他许多重要的艺术家都对这个新组织表示了高度的认可和支持，并将他们的作品提供给分离派用于展览。没错，这个组织就是分离派！"[3]

分离派的名誉主席是资深水彩画家鲁道夫·冯·阿尔特，他细致写实的画风深得年轻一代的钦佩。1889年，阿尔特被封为贵族，也因此，他承担了邀请皇帝弗朗茨·约瑟夫参加第一次分离派展览的任务。皇帝亲自接见了阿尔特，并惊讶地发现这群年轻艺术家的代表竟是一位86岁的老人。阿尔特的名字"Alt"在德语中是"老"的意思，于是他以双关语告诉皇帝："亲爱的陛下，我真的是'Alt'，但我觉得自己此刻年轻得好像重生了一般。"[4]

克里姆特是分离派执行主席的不二人选，他虽寡言少语，却是一个拥有绝对权威的人。在一张非常著名的分离派成员合影中，克里姆特威严地坐在一张扶手椅上，周围簇拥着他的同事，看上去就像一个国王。

就在分离派成立一年后的1898年3月，分离派在环城大道的园艺协会大楼举办了第一次展览。这座建筑的历史可追溯到19世纪60年代，虽然建筑本身似乎代表了这群年轻艺术家抗拒的一切，但是约瑟夫·玛利亚·奥

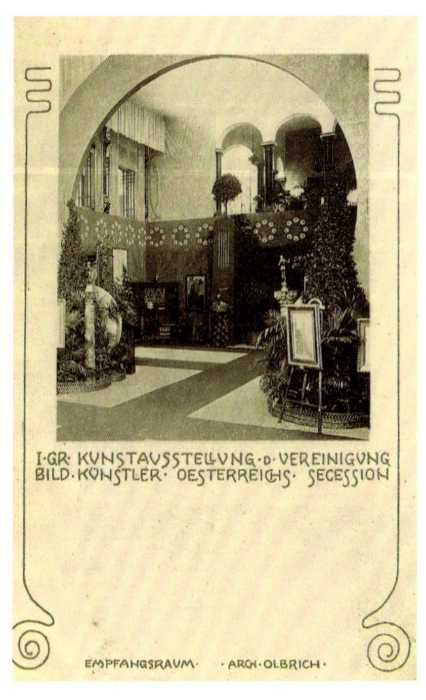

维也纳分离派第一次展览的明信片，约瑟夫 · 玛利亚 · 奥布里希，1898年

布里希和约瑟夫・霍夫曼对展厅的室内装饰进行了指导，以确保展厅既美观又赏心悦目，并且完全不同于其他只是枯燥地在墙上悬挂一幅幅作品的19世纪典型学院派展览。此外，展览的目录也十分精美，封面设计由克里姆特操刀，插图设计则由奥布里希、霍夫曼、阿尔弗莱德・罗勒等人负责。

克里姆特为分离派的第一次展览设计了一幅极具独创性且令人难忘的海报。海报中风格化的人物侧面像明显受到了希腊陶瓶的影响，引人注目的不对称构图则受到了日本美学的影响。自19世纪60年代以来，日本美学对西方先锋派产生了不可忽视的巨大冲击，这也体现在克里姆特的设计中，海报中段有一大片空白，上面只有克里姆特的一个签名。希腊元素和日本元素的并置让人想起惠斯勒《十点钟》（*Ten o'clock*）演讲里的著名结束语："关于美的故事结束了。它被刻在帕特农神庙的大理石上，被绣在葛饰北斋的扇子上。"

海报顶部有着雕饰带的装饰，描绘了忒修斯杀死米诺陶诺斯的画面，意在代表分离派与保守主义、庸俗主义势力的斗争。然而，海报中忒修斯赤裸着身体、露出生殖器的形象遭到了审查制度的干涉。不过克里姆特并没有如审查员预期的那样循规蹈矩地用无花果叶遮盖生殖器，而是非常刻意地在忒修斯的敏感部位添加树干，为画面加入另一个日本式的不对称元素。显然，克里姆特笑到了最后。

参加第一次分离派展览的外国艺术家包括约翰·辛格·萨金特、詹姆斯·麦克尼尔·惠斯勒、弗兰克·布朗温、沃尔特·克兰、乔凡尼·塞冈提尼、阿诺德·勃克林和比利时象征主义艺术家费尔南德·赫诺普夫，他们的作品对克里姆特之后的女性题材创作以及其早期的风景画产生了显著影响。但毫无疑问，分离派这次展览的最大成功是赢得了两位国际上最受尊敬的在世艺术家的支持——雕塑家奥古斯特·罗丹和象征主义艺术家皮埃尔·皮维·德·夏凡纳。皮维为展览拿出了他生前最后一幅杰作的草图（他在同一年的晚些时候去世），那幅杰作是为巴黎先贤祠创作的、用于庆祝圣女吉纳维芙诞生的壁画。皮维总是回避天顶画中固有的视错觉艺术手法，他创作出的壁画典雅庄重，与克里姆特的作品相去甚远。此时的克里姆特正陷入维也纳大学天顶画委托的僵局，而皮维则被公认为当时世界上最伟大的壁画家，因此克里姆特肯定会密切关注皮维的动向，尤其关注皮维简化和组合形状的能力。纳比派画家爱德华·维亚德写道："那些常见于今日艺术尝试中的风格主义试验和综合表现方式，都早已存在于皮维的艺术中了。"[5] 在这方面，皮维对克里姆特的影响与高更、修拉和纳比派一样重要。

在维也纳这个以保守主义而臭名昭著的城市里，分离派第一次展览的结果是出人意料的，它多少取得了一些成功，尽管仍不可避免地出现了尖酸刻薄的评论。展览共计接待5.7万名参观者，534件展品中有218件被售出。

作家赫尔曼·巴尔是新运动坚定的支持者之一，对于这次展览的举办他欣喜若狂："我们从未见过这样的展览。在这里，没有一件作品是糟糕的。这次展览是整个维也纳现代绘画运动的成果。这次展览展示了奥地利本土艺术家的能力，我们已经完全可以自豪地站在最好的欧洲艺术家身边，并以他们的标准来衡量自己。这是一个奇迹！而且，更重要的是，这是（对维也纳美术家协会）一次巨大的嘲讽！这次展览向我们表明，即使在维也纳，艺术，真正的艺术，也可以是一笔大生意！维也纳美术家协会的小贩们一定恨不得扭伤他们的手！生意，菲利克斯先生，大生意！想想看！维也纳人——你的维也纳人，菲利克斯先生，你自以为很了解的维也纳人——竟然争先恐后一波接一波地来购买这些艺术品。他们在买赫诺普夫（的作品），菲利克斯先生！”[6]

由于第一次展览空前成功，分离派艺术家决定打造一个永久性的、专用于展览的空间。多亏了钢铁大亨卡尔·维特根斯坦的慷慨资助，维也纳分离派会馆在非常短的时间内就得以完成。会馆选址于环城大道附近的一个黄金地段，一个能够看到维也纳美术学院全貌的地方，这一安排颇具挑衅意味。会馆于1898年4月28日奠基，力图赶上计划在同年11月举行的分离派第二次展览。会馆的设计工作由建筑师约瑟夫·玛利亚·奥布里希负责，不过现存的图纸显示，克里姆特也投入了相当大的精力，并对奥布里希的设计产生了不小的影响，使建筑向一个更简单且不太浮华的风格倾斜。克里姆特在信件中的手稿和评论表明，他设想用马赛克或壁画来装饰会馆的整个正立面，不过这一想法并未实现。建筑外观中最引人注目的是由3000片镀金月桂叶和700颗浆果组成的巨大穹顶，这座建筑也因此获得了“金色卷心菜”的称号。维也纳分离派会馆呈现出一种异域风格，更像是清真寺或犹太教堂，与附近巴洛克风格的圣卡洛·博罗梅奥教堂形成鲜明对比。这座建筑显然无法取悦每一个人，一位评论家抱怨它是“亚洲式的轮廓”[7]，还有人不太礼貌地称其为“马赫迪的坟墓”和“亚述的厕所”。维也纳分离派会馆内部最显著的特点是空间的灵活性，这使各种展览陈设方式成为可能。

1898～1905年，分离派在维也纳举行了22次展览，这或许可以被视为分离派和早期现代艺术的黄金时代。作为分离派1897～1899年的主席及

上图：完工不久的维也纳分离派会馆，约1898年摄

下图：克里姆特绘制的维也纳分离派会馆立面草图，1897年

维也纳分离派会馆，建筑上的铭文为“每个时代有自己的艺术，每种艺术有自己的自由”

1905年之前的核心人物，克里姆特一定对应邀参展的外国艺术家产生了相当大的影响，从他本人的作品可以看出，他也从中受益匪浅。

在维也纳分离派会馆这个专门设计的全新展览空间中，诸如总体艺术展等理想中的展示方式最终得以实现。在这里，所有的展品都能和谐共处，并与周围环境一同创造出一件完整的艺术品。受威廉 · 莫里斯的启发，分离派艺术家认为实用美术也应被列入美术的大类中。科洛 · 莫泽尔、约瑟夫 · 霍夫曼和约瑟夫 · 玛利亚 · 奥布里希负责展览的布景工作，为绘画和装饰艺术提供了和谐的环境。尽管赫诺普夫和安德斯 · 佐恩仍分别提交了一些作品，但总体来看，本次参展的外国艺术家数量较之前有所减少。克里姆特展出了七件作品，其中包括《索尼娅 · 克尼普斯肖像》（*Portrait of Sonja Knips*）和《女神雅典娜》（*Pallas Athene*）。《索尼娅 · 克尼普斯肖像》十分精美，标志着克里姆特已成为一名成熟的肖像

左图：《女神雅典娜》，布面油画，75厘米×75厘米，1898年，维也纳博物馆藏

右图：《索尼娅·克尼普斯肖像》，布面油画，145厘米×146厘米，1898年，维也纳美景宫美术馆藏

画家。《女神雅典娜》被装裱在克里姆特弟弟乔治制作的金属框架中，引人注目却略显邪恶，作品带有浓烈的19世纪末风格，让人不由自主地想起了弗兰兹·冯·斯泰克，显然，在这一阶段，克里姆特正痴迷于斯泰克的作品。《女神雅典娜》遭到了公众的误解和敌意，平面化、不规则、不对称的外形被批评为是丑陋的、古怪的，女神手上那个有着一头拉斐尔前派风格的浓密红色头发的小裸体像则被认为是一种挑衅。这似乎是一种不祥的征兆，不久后，克里姆特便被卷入了维也纳大学壁画委托的风波中。

分离派第三次展览于1899年1月12日～2月20日举办，在参展的外国艺术家中，有两位比利时艺术家不得不提，他们是新印象派画家西奥·曼·迪辛希尔和1898年刚去世的费利西安·罗普斯。克里姆特肯定对这两位艺术家的作品进行过深入研究，他借鉴了曼·迪辛希尔的点绘法，将之大量应用于自己这一时期的作品中，其中就包括下一次分离派展览上的《弹钢琴的舒伯特》（*Schubert at the Piano*）。与此同时，在罗普斯的影响下，克里姆特创作的女性题材作品第一次带有了自我表现的意味，如前文提到的那幅《女神雅典娜》中的红发小像。

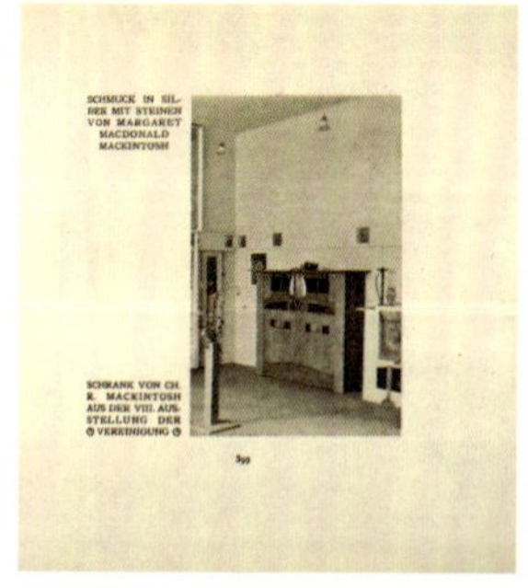

上左图：查尔斯·马金托什和玛格丽特·麦克唐纳·马金托什为维也纳分离派第八次展览设计的展厅，《神圣之春》第四期，1901年摄

上右图：维也纳分离派第十四次展览的明信片，展示了克里姆特的《贝多芬横饰带》和马克斯·克林格的《贝多芬雕塑》

下图：维也纳分离派第四次展览的海报，彩色石版画，1899年

分离派第五次展览于1899年9月5日～1900年1月1日举办。本次展览几乎完全由一群法国艺术家主导，展示了19世纪和20世纪之交法国艺术的多样化趋势。尽管“印象派”一词在19世纪末被广泛应用于许多艺术家身上，但这是维也纳人第一次有机会欣赏到此类强调艺术家情绪和感知的作品。法国象征主义画家欧仁·卡里尔描绘了弥漫着淡棕色薄雾的家庭场景。对此，德加愤世嫉俗地评论道：“不，不，是谁在托儿所里抽烟？”但这种弥漫着薄雾的效果可能吸引了克里姆特的关注，他在这一时期的几幅作品中均引入了类似的模糊感。参展的艺术家还有我们熟悉的皮维·德·夏凡纳，以及才华横溢的平面艺术家菲利克斯·瓦洛东。

在分离派第七次展览中，不仅展出了克里姆特广受争议的作品《医学》（*Medicine*），还展出了荷兰象征主义艺术家简·托罗普的作品。简·托罗普风格化的图案和对女性头发的处理手法明显影响了克里姆特，尤其是克里姆特为维也纳大学创作的最后一幅画——《哲学》（*Philosophy*）。

分离派第八次展览于1900年11月3日～12月27日举办，以吸引到“格拉斯哥四人组”（赫伯特·麦克内尔、弗朗西斯·麦克奈尔、查尔斯·马金托什及其妻子玛格丽特·麦克唐纳）而闻名。他们的作品让维也纳艺术家和设计师感到非常亲切。展览结束后，马金托什接受委托，设计了著名的华恩多夫音乐厅。

分离派第十二次和第十三次展览分别展示了挪威艺术家爱德华·蒙克和瑞士艺术家费迪南德·霍德勒的作品，两人（尤其是后者）都为克里姆特提供了灵感。后续的几次分离派展览也十分引人注目：第十四次展览（1902年4月15日～6月27日）展出了马克斯·克林格的巨大多色雕塑，克里姆特亲自操刀为雕塑绘制了背景墙上的壁画《贝多芬横饰带》；第十六次展览是一次雄心勃勃的现代法国艺术回顾展；第十八次展览则是首次完全意义上的克里姆特个展。

第一期《神圣之春》的封面，由阿尔弗莱德·罗勒设计，维也纳格拉赫和申克出版社，1898年

第七章:《神圣之春》

19世纪90年代，带有插图的艺术杂志在传播新风格和推广新艺术运动过程中发挥了重要的作用，这很大程度上要感谢技术的进步。原本采用手工雕刻而成的插图，所能呈现的视觉效果十分有限。摄影技术的提升、彩色印刷术的引入，大大充实了杂志的内容、丰富了杂志的色彩，提升了杂志对读者的吸引力。威廉·莫里斯带头开展的精装书籍复兴运动，引来了大量杂志的跟风效仿，如巴黎的《白色评论》（*La Revue Blanche*）、柏林的《邦》和圣彼得堡的《艺术世界》（*The World of Art*）。这些杂志试图通过奢华的纸张、精美的装帧和海量的插图，将自己包装成一件艺术品，当然杂志的价格也日趋昂贵。如果你选择包年订购《神圣之春》，一年需花费十马克，但如果你选择购买纸张更奢华的精装版，那么毫无疑问，你需要支付更昂贵的费用。

尽管不如上述杂志那般昂贵和奢华，但克里姆特参与的《工作室》（*Studio*，1893年）可能是这些杂志中传播最广、最具影响力的了，该杂志在格拉斯哥学派创建和传播国际声誉的过程中发挥了巨大作用。与克里姆特分离派时期及成熟时期的作品相似，格拉斯哥学派也在融合各家元素的基础上形成了才华横溢的高度个性化风格。在《工作室》创刊的第一年，格拉斯哥四人组提供了大量资源，包括关于爱德华·伯恩·琼斯、威廉·莫里斯、建筑设计师查尔斯·沃赛和荷兰象征主义艺术家简·托罗普的插图文章。1900年，格拉斯哥四人组被邀请参加维也纳分离派的展览，这多少与他们在《工作室》杂志上发表的文章有关。

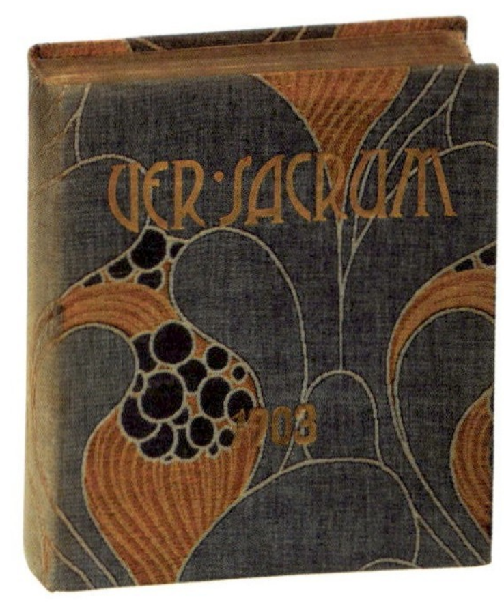

左图：《神圣之春》杂志第一年合辑（布面精装版），1898年，索尼娅·克尼普斯藏

右图：《神圣之春》杂志第五年也是最后一年的合辑（布面精装版），1903年，索尼娅·克尼普斯藏

与巴黎的《白色评论》一样，《神圣之春》不仅是一本艺术杂志，还是一本向瓦格纳“总体艺术”思想致敬的文化杂志。胡戈·冯·霍夫曼斯塔尔、赖纳·马利亚·里尔克、莫里斯·梅特林克和克努特·汉姆生等都曾为杂志撰稿。与分离派本身一样，《神圣之春》的目标是在奥地利推广国际艺术趋势与理念，进而促进奥地利现代艺术的发展。《神圣之春》刊登了不少克里姆特参展作品的照片，其中不乏记录其创作过程的内容，此外，克里姆特还为杂志量身定做了大量的平面设计作品，因此《神圣之春》无疑是我们了解克里姆特及其职业生涯的重要信息来源。

R SACRUM.

GUSTAV KLIMT.

Geboren am 14. Juli 1862 in Baumgarten bei Wien, als ältester Sohn eines armen Graveurs, hat Gustav Klimt mit seinem jüngeren, bereits im Jahre 1892 verstorbenen Bruder Ernst gemeinschaftlich studiert und künstlerisch geschaffen.

Als Lehrer hat namentlich Laufberger auf seine grundlegende zeichnerische und technische Ausbildung am längsten und nachhaltigsten eingewirkt.

Der Grundzug der künstlerischen Persönlichkeit Klimts ist seine unverkennbare Rassenechtheit; er ist Wiener nicht nur von Geburt!

Gegenwärtig ist der Künstler mit der malerischen und architektonischen Ausführung eines Musiksalons für den Geheimrath Dumba, Mitglied des Herrenhauses, beschäftigt, sowie mit den Vorarbeiten zu einer Reihe von Plafondgemälden für die Ausschmückung der Aula der Wiener Universität.

Gust. Klimt. Aus „Allegorien, neue Folge". Verlag v. Gerlach & Schenk.

母特为《神圣之春》第三期绘制的插图

《许癸厄亚》（*Hygieia*），《医学》的细节图，《医学》为布面油画，430厘米×300厘米（连框），1900~1907年，为维也纳大学绘制的系列画之一，毁于1945年的伊蒙多夫宫大火

第八章：风波

为维也纳大学主楼绘制的天顶画，或者大厅装饰，可以说是克里姆特兄弟与弗兰兹·马奇十多年合作生涯的巅峰之作。他们因这次委托成了马卡特的继承人，被公认为新一代的维也纳绘画王子和哈布斯堡王朝官方艺术家。早在1892年，马奇就接下这个项目，由此开始了这次充满曲折的工作，那时他还是独自一人。第二年，马奇的初步设计遭到拒绝，不过到了1894年，该项目再次被分配给马奇和克里姆特兄弟。他们需要装饰天花板巨大的中心区域、四个角落嵌板和十个拱肩，完成后将获得总共60 000荷兰盾的报酬（超过了之前穆卡西斯绘制维也纳历史博物馆天顶画时获得的50 000荷兰盾报酬），马奇和克里姆特兄弟将平分这笔钱。虽然克里姆特在1904年就退出了该项目，但此时他已完成了十个拱肩的绘制工作。天顶画中心区域的主题为“光明战胜黑暗”。嵌板分别以医学、哲学、法学和神学为主题，代表了维也纳大学的不同学院。克里姆特负责前三个主题的绘制工作，马奇则负责最后一个。颇有意思的是，不知是有意还是无意，作为唯心主义者的克里姆特却没有参与“神学”这一主题的创作。20世纪初，马奇和克里姆特完成了嵌板的创作工作，很明显两人的创作风格已经朝着完全不同的方向发展了。现存的影像资料为我们重现了当时的作品全貌，克里姆特与马奇的作品格格不入，但从克里姆特的三幅画中，我们不难看到他取得的进步，克里姆特已不再单纯地满足于填满建筑师提供的新文艺复兴式框架，而是融入了更多的思考。然而，克里姆特的作品揭幕后，引发了巨大的风波，他为公共建筑绘制装饰壁画的职业生涯就此终结，但这些作品确立了克里姆特作为维也纳先锋派领袖的名声和地位。

维也纳大学天顶画的复原图

作品中第一个公开展示的是《哲学》，它出现在1900年3月的第七次分离派展览中，随后被送往巴黎世界博览会参展，并获得了金奖。克里姆特一直努力想要按时完成这件作品（实际上他直到1907年才完稿），并在展览开幕前给分离派的成员写了一封信，恳请大家原谅自己因为得了重感冒而未完全准备好参展作品。德语版的展览目录以抽象的术语对这幅画进行了详细描述，可惜英语版的转述不尽如人意："哲学，这是为大学主楼（受维也纳文化与信息部的委托）设计的五幅寓言性质的天顶画之一。画面左侧的群像代表着造物、丰硕和流逝。画面右侧是地球、宇宙的谜团。画面底部浮现出一个闪耀的形体，那是知识。"

《哲学》在构图上明显的不对称性、对透视关系的摒弃，以及位于背景顶部、底部和左侧剪纸般的人物形象，显然完全违背了后文艺复兴时期的构图传统。画面左侧堆叠状的人物让人联想到罗丹的《地狱之门》（*Gate of Hell*），《地狱之门》的灵感源自布莱克为但丁《神曲》一书绘制的插图《欲望的漩涡》（*The Circle of the Lustful*）。鉴于克里姆特对早期艺术的好奇和关注，他或许对布莱克有所了解。但可以百分之百确定的是，克里姆特必然十分熟悉罗丹1898年加入分离派后创作的所有作品。克里姆特和罗丹相识于1902年，彼时罗丹正处于事业的巅峰期，两人彼此欣赏。

由于如今只留有作品《哲学》的黑白照片，我们对画作色彩的了解几乎完全依赖于当时人们的描述。其中最详细的记录来自艺术评论家路德维希·希维西的文章，他写道："我们看到了充斥着神秘变幻的宇宙，这种变幻原本只存在于我们的猜想中。表层的薄雾给万物蒙上了一层神秘的面纱，我们需要透过这层彩色的薄雾感知背后的事物。画家需要用绘画的语言尽可能地处理和表现出一切。在这里，克里姆特主要借助了颜色的变化。在这片宇宙中，各种各样的蓝色、紫罗兰色、绿色和灰色混合在一起，一道闪着光的黄色冲破了这团混杂的颜色，越往上越耀眼，直至变成了灿烂的金黄色。这让人联想到地球上的尘埃和旋转的原子，联想到万物散发出的可感知的基础能量。画面四周浮动着闪耀的火花，每一个火花都是一颗星星，红的、蓝的、绿的、橙黄的、金光闪闪的。颜色看似混乱，却是一曲交响乐，一曲由艺术家敏感的灵魂演奏出的交响乐。”[1] 然而，并非所有的评论都如此热情洋溢，事实上，也有一些充满了恶毒言语的评论。

维也纳大学的一群教授共同签署了一封抗议克里姆特《哲学》的公开信，这又引发了一次风波和争端，虽然巴黎人自1863年马奈的《草地上的午餐》（*Dejeuner sur l'herbe*）在“落选者沙龙”上展出以来，就对这类风波和争端了如指掌，但对维也纳人而言这还是一个新生事物。在信中，教授们以克里姆特的画并不适合这座由建筑师海因里希·冯·费尔斯特设计的新文艺复兴风格建筑为由，反对这幅作品出现在大学中。反对者之一的约德尔教授进一步解释说，教授们反对的既不是裸体画（当时大部分环城大道上的伟大建筑都用裸体人物装饰，他们怎么会反对裸体呢），也不是艺术自由，而是“丑陋的艺术”。就在公开信发表后的第二天，一个金色桂冠被放到了克里姆特的画前，上面刻着维也纳分离派会馆建筑外部的那句铭文“每个时代有自己的艺术，每种艺术有自己的自由”。克里姆特的支持者指出，教授们根本没有进行美学评判的资格。对此，记者兼评论家卡尔·克劳斯以笔为戈，代表教授们奋起反抗，他在自己的杂志《火炬》（*Die Fackel*）中发表了一系列攻击克里姆特及其支持者的文章，言语间充满了愤怒和嘲讽。克劳斯还以指导的口吻建议克里姆特在处理哲学、法学和医学等主题之前，可以先向相关领域的专家咨询。在1900年5月的一篇文章中，克劳斯做了总结陈述，即尽管克里姆特在巴黎取得了成功，但他的艺术终将被摒弃。

1900年，当克里姆特在巴黎取得胜利时，现代艺术正处于发展的停滞期，19世纪90年代的印象派革命已趋于平静，即将于1905年到来并在1914年完全爆发的野兽派和立体主义革命尚处萌芽阶段。然而，巴黎这座城市却凭借着自己独特的艺术景观，成了19世纪中期以来现代艺术发展的领头羊。此时，让-莱昂·杰罗姆、威廉·阿道夫·布格罗等“庞贝系”传统学院派大师的作品仍在展出且广受好评。不仅如此，布格罗唯美、理想化的作品，虽然与克里姆特大相径庭，却也获得了同样的殊荣——一枚奖章，这着实让我们对时人的审美趣味感到困惑。如今，在富有的美国收藏家的支持下，印象派艺术家莫奈和雷诺阿大获成功，但当时两人均未获得法国主流艺术圈的认可，他们的作品被陈列在一个单独的展厅里。当法国总统要进入这个展厅参观时，顽固的保守分子让-莱昂·杰罗姆戴着大礼帽，拿着自己的法国荣誉军团勋章，拦住了总统，说道：“先生，那里是法国的耻辱。”此外，后印象派大师高更、凡·高、修拉和塞尚的作品，以及如纳比派和亨利·德·图卢兹·罗特列克等在19世纪90年代就已崭露头角的年轻艺术家的作品，在巴黎世界博览会上都难觅踪影。研究表明，在1900年巴黎世界博览会中斩获殊荣的外国艺术家还有华金·索罗利亚、艾克塞利·加仑·卡勒拉等，同克里姆特一样，这些艺术家也明智且巧妙地在传统的学院派技巧中融入了现代主义元素。

在当时的获奖者中，有一位艺术家与克里姆特有着惊人的相似之处，他就是阿尔伯特·贝纳尔，然而几乎没有人对两者的相似性进行过探索。当时，贝纳尔正处于其声誉的最顶峰，他甚至是为克里姆特颁发金奖的陪审团成员之一。自1890年起，贝纳尔开始为重建的巴黎市政厅科学沙龙绘制天顶画，这件自由飘浮、散发着冷光的巨大作品中融合了矫饰主义的哲学思想，这似乎也影响了克里姆特日后的作品。此外，克里姆特一定对贝纳尔当时在索邦大学化学梯形教室里完成的装饰画非常感兴趣。画中，贝纳尔在基础的学院派技巧中融入了印象派和象征主义元素，当然可能并不如克里姆特那么令人信服和彰显个性。这不得不让人再次想起毕加索的那句格言：二流的艺术家模仿别人的作品，一流的艺术家则窃取别人的灵感。但奇怪的是，在1934年成为第一位被给予国

《医学》草图，布面油画，72厘米×55厘米，1897～1898年，私人收藏

葬待遇的法国艺术家后，贝纳尔几乎完全被人遗忘，而与此同时，自第二次世界大战以来，克里姆特的名声却不断攀升。

克里姆特在巴黎的成功丝毫没有令维也纳的教授们改观，事实上，在欧洲列强相互猜忌且敌意日益加深的时代，这次成功甚至可能对克里姆特造成了不利影响。1903年，赫尔曼·巴尔将支持和反对《哲学》的评论文章汇编在一起，出版了《反克里姆特》（*Gegen Klimt*）一书。1900年3月17日，卡尔·施雷德在《德意志民众报》（*Deutsches Volksblatt*）上发表了一篇文章，将克里姆特的作品《哲学》与理查德·施特劳斯的哲学交响诗《查拉图斯特如是说》（*Also Sprach Zarathustra*）进行了比较。尽管施雷德的意图是反对克里姆特，但这种比较似乎吸引了许多艺术家和作曲家的关注，在那之后，施特劳斯也曾将自己的歌剧《莎乐美》（*Salome*）中跃动的旋律与克里姆特画作中闪着微光的纹理进行比较。仍是在《德意志民众报》上，一篇匿名文章谴责克里姆特的作品是不雅的，并提出一个老生常谈的控诉——克里姆特是犹太人，“……也许他并不认为直白且面目可憎的画法就意味着不雅……你们知道，犹太人曾通过宣布一些无耻且刻薄的准则毒害了人民”[2]。对此，艺术史教授弗朗茨·威克霍夫感到十分生气，站出来为克里姆特辩护。

克里姆特为大学绘制的第二幅天顶画《医学》，于1901年3月在维也纳分离派第十次展览中展出，它同样收获了两极分化的评价。与《哲学》相同，《医学》也采用了不对称的构图，将大量的人物置于画面的一侧。展览目录对这幅作品做出了如下解释：“在生与死的过程中，生命会逐渐消亡，活着本身会带来痛苦，阿斯克勒庇厄斯的女儿海吉亚找到了抚慰和治愈的方法。”

在这里，我们要再次感谢路德维希·希维西对作品《医学》色彩的详细描述，尽管这次我们还可以从一幅现存的油画草图和一张彩色照

跨页从左到右依次为

《法学》，布面油画，430厘米×300厘米，1903～1907年，为维也纳大学绘制的系列画之一，毁于1945年的伊蒙多

《医学》，布面油画，430厘米×300厘米，1900～1907年，为维也纳大学绘制的系列画之一，毁于1945年的伊蒙多

《哲学》，布面油画，430厘米×300厘米，1900～1907年，为维也纳大学绘制的系列画之一，毁于1945年的伊蒙多

片中获取关于画面色彩的信息。照片聚焦于前景中的主导人物海吉亚，她穿着一件红色和金色的华丽长袍。希维西在阐释时说："《哲学》的氛围表现是以绿色和蓝色为主的冷色调，而《医学》则采取了暖色调，从玫瑰色过渡到闪着微光的紫色。画中人物的阴影、对比和反光效果近乎完美，仿佛在演奏一曲完整的肤色交响曲。这是微风吹拂下的黎明时分，朝霞已经变红，第一缕阳光即将从地平线上喷薄而出。"[3]

克里姆特并没有打算用《医学》来安抚《哲学》的批评者。相反，克里姆特似乎想通过使用一直被人们回避的怀孕的裸女等形象来激怒他们。如果这真的是克里姆特的想法，那么他成功了，随之而来的批评比之前更为猛烈，记者兼辩论家卡尔·克劳斯再次在《火炬》杂志上发表了大量批评文章。

《法学》是克里姆特为维也纳大学绘制的第三幅也是最后一幅天顶画，它在1903年11月举办的克里姆特回顾展中与另外两件作品一起展出，这次回顾展也是分离派的第十八次展览。这件作品让希维西意识到，克里姆特在同年早些时候两赴拉文纳学习的马赛克工艺已经并且仍将在他事业的下一个阶段产生重要的影响，此外，希维西评价称《法学》代表了"结束十年放纵后发展成熟的新风格"。正如希维西所言，平面化、程式化、抽象化的《法学》看起来与同系列的《哲学》和《医学》非常不同。因此，不仅克里姆特和马奇的作品之间存在着令人不安的差异，克里姆特本人的作品之间也存在着巨大的差异。除了人们对克里姆特作品的持续争议，这种差异可能是克里姆特最终选择放弃整个项目的主要原因。

在1905年接受贝尔塔·祖克坎德采访时，克里姆特声称，公众对于维也纳大学天顶画的争议并不能迫使他撤回这些作品，他对这些批评并不"感冒"，唯一对他造成影响的是来自维也纳大学方面的不满。这应该都是真的。不过，如果让一位致力于总体艺术的艺术家看到维也纳大学的天顶画，他一定会震惊于作品各部分的风格迥异。1905年，克里姆特要求维也纳大学取消协议，并归还三件已完成的作品。在奥古斯特·

COLLECTIVAUSSTELLUNG GUSTAV KLIMT.
SECESSION WIEN. NOVEMBER=DEZEMBER 1903.

维也纳分离派第十八次展览的主展厅，从左到右依次为《音乐2》（*Music II*）、《医学》和《哲学》，1903年摄

莱德勒的资助下，克里姆特退还了维也纳大学支付的报酬。《哲学》归莱德勒所有。1911年，《医学》和《法学》被卖给了艺术家柯罗曼·莫塞尔。那之后，也许是命运的安排，这三件作品几经转手后共同毁于1945年伊蒙多夫宫的一场火灾。

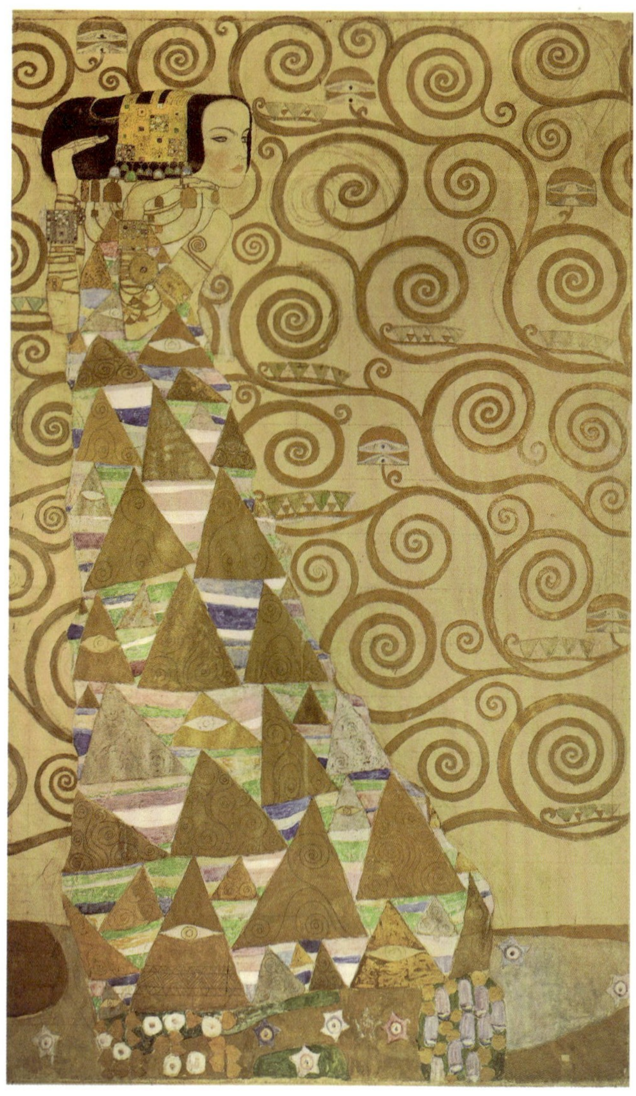

上图：《斯托克雷特横饰带》，贴有金箔的纸面水彩画，195厘米×120厘米，1905~1909年，奥地利应用艺术博物馆藏

对页图：《骑士》（*The Knight*），《斯托克雷特横饰带》草图，纸面混合媒介，197厘米×90厘米，1905~1909年，奥地利应用艺术博物馆藏

第九章：装饰艺术

在1908年“艺术展览场”开幕式的演讲中，克里姆特说：“我们不属于任何社团、任何社会组织、任何联盟，我们并不是因为什么强制性的手段而被迫聚集在一起，我们团结一致，仅仅是为了这次展览——我们抱有同样的信念，不会因为自己的渺小而放弃奋斗。用莫里斯的话来说，即使是微不足道的物件，如果制作得完美，也将有助于增加地球上美的总和。艺术的进步，需要建立在将艺术不断渗透到日常生活的基础上。”[1]

1861年，威廉·莫里斯创立莫里斯、马歇尔与福克纳公司（后来的莫里斯公司），并决定让艺术家但丁·加百利·罗塞蒂、爱德华·伯恩·琼斯以及建筑师菲利普·韦伯参与设计，这对日后设计的发展产生了深远的影响。莫里斯认为应该将设计和应用艺术提升到美术的地位，这一观点被维也纳分离派的创始人以及比利时的亨利·凡·德·威尔德等19世纪晚期的其他艺术家型设计师所接受。

维也纳工坊信纸的抬头，印有查尔斯·马金托什设计的玫瑰图章

1870～1914年，美术与装饰艺术的互动尤为热烈和富有成效。许多接受过专业训练的艺术家，如亨利·凡·德·威尔德和路易斯·康福特·蒂凡尼，都转向了装饰艺术，而伯恩·琼斯、高更、克里姆特等艺术家和纳比派的作品也深受装饰艺术的影响。查尔斯·沃赛、查尔斯·马金托什、奥托·瓦格纳和约瑟夫·霍夫曼等建筑师则开始全方位地参与到房屋的设计，包括室内设计、墙纸设计，甚至餐具设计。1859年，威廉·莫里斯设计了“红房子”，这是首次有人将房屋外观及其室内装饰融合为一件总体艺术品。同年，亨利·凡·德·威尔德在布鲁塞尔于克勒区的房子进一步完善了这个想法，威尔德设计了从门把手到钥匙孔的每一个细节，他甚至将妻子也视作艺术品的一部分，统筹管理妻子的穿着打扮。作为总体艺术的一部分，这种理想化的生活状态吸引了克里姆特的许多赞助人。

从一开始，维也纳分离派就十分重视设计和装饰艺术，在克里姆特的带领下，他们将装饰艺术纳入展览，且非常关注展览的细节。克里姆特与维也纳工坊合作后，他对室内设计的兴趣与日俱增。维也纳工坊成立于1903年，由银行家弗里茨·华恩多夫出资，创始人为约瑟夫·霍夫曼，其创始灵感源自莫里斯的思想和英国的各大工艺协会。华恩多夫曾前往格拉斯哥拜访查尔斯·马金托什，马金托什为维也纳工坊设计了标志，并表达了他对该项目的热情和鼓励：“如果你想通过你的项目获得艺术上的成功……那么，你经手的每一个物件都必须有鲜明的个性、美感和最独特的识别度。从一开始，你的每一个物件就都应该是为了某个既定的目的和位置而设计制作的。之后……你可以大胆地站在全世界的聚光灯下，攻

左图：斯托克雷特宫，由约瑟夫·霍夫曼设计，并由维也纳工坊的艺术家负责家具布置，1912年摄

右图：斯托克雷特宫的餐厅，由克里姆特设计装饰，约1911年摄

击那些工厂流水线作业的产品，你正在做本世纪最伟大的工作，你一定可以实现这个目标：以优质的方式生产，同时以低廉的价格出售……”[2]

马金托什的最后一句话是对艺术应该“为人民创造”这一工艺美术观点的支持，然而，事实上威廉·莫里斯理想中的反精英主义很快被维也纳人抛弃，甚至可以说从一开始，这些作品就无耻地成了精英阶层的专属和奢侈品。尽管克里姆特出身于工人阶级，但他从不排斥为那些威廉·莫里斯口中“贪婪”奢侈的富人服务。

当然，这其中最奢华昂贵的作品自然要数位于布鲁塞尔的斯托克雷特宫，它同时也是维也纳工坊出品的最伟大的作品。在斯托克雷特宫，严谨的线条和简约实用的功能，与最奢华的材料和最高水平的工艺相结合。这样来看，或许维也纳才是新艺术运动的发源地，那由各种形式的曲线造型构成的设计，俨然是带有当地特色的新艺术风格作品。

那日，正在维也纳霍华特区漫步的比利时工业大亨继承人阿道夫·斯托克雷特和他年轻的妻子苏珊娜，被约瑟夫·霍夫曼的别墅深深地吸引了。巧的是，他们被霍夫曼和克里姆特的密友兼同事卡尔·默尔认出，于是，卡尔·默尔热情地将两人请入屋内参观并做了介绍。最初，阿道夫·斯托克雷特打算在霍华特区修建别墅，但1904年继承了家

左图：《生命之树》，《斯托克雷特横饰带》草图，纸面混合媒介，195厘米×102厘米，1905～1909年，奥地利应用艺术博物馆藏

右图：《拥抱》，《斯托克雷特横饰带》草图，纸面混合媒介，195厘米×120厘米，1905～1909年，奥地利应用艺术博物馆藏

族财产后，他决定在布鲁塞尔郊区圣皮埃尔沃鲁的特鲁文大道上建造一座更为豪华的房子。用斯托克雷特的儿子雅克的话来说："在这里，设计师能够自由地发挥想象力和才能。从建筑结构、花园、铁制用品、照明方式、家具、地板、地毯到银器，每一个细枝末节都可以完全按照设计师的规划来完成，以实现房屋各个部分的完美统一，而且建筑师可以毫无限制地使用最昂贵的材料。即使对于霍夫曼教授这样的天才建筑师来说，这也是一个理想化且此生难遇的机会。"[3] 完成设计后，设计师们先在维也纳对整个建筑进行一次组装，以评估整体效果，再将其拆分

左图：拉文纳一座中世纪的圣乔瓦尼福音教堂的内部马赛克细节

右图：拉文纳加拉·普拉契狄亚陵墓天花板上的古代马赛克

运往布鲁塞尔。克里姆特为斯托克雷特宫的餐厅设计了华丽的马赛克壁画，后被称为《斯托克雷特横饰带》。这些壁画创作于1905~1912年，代表了克里姆特金色时期的最高水平。这是克里姆特最抽象的作品，连墙端较高的镶板也被装饰上了抽象元素。与《贝多芬横饰带》一样，克里姆特这次使用了各种珍贵的材料，他将金、银、珊瑚、珐琅和次宝石镶嵌在白色大理石底面上。餐厅呈长方形，每一面都由七块长条镶板组成，镶板拼合在一起形成一棵抽象的生命之树，将整个房间的背景统一了起来。

正是因为斯托克雷特给了艺术家完全的自由，克里姆特得以探索他最喜欢的主题——性欲和完满，即使这些主题可能并不完全适合装饰资产阶级的餐厅。在作品中，克里姆特用一位年轻女子来代表“期待”，女子身着和服，头发扎成一个圆髻，带有明显的日式风格。这些马赛克壁画显然受到了克里姆特1903年两次拉文纳行的影响。此外，这件作品还融合了京都与拜占庭的风情，同时又掺杂了少许古埃及和迈锡尼的风格。画面中有一对相拥的情侣，象征着“完满”。男子背对观众，身着华丽的宽松

拜占庭风格马赛克壁画，亚利安派洗礼堂（拉文纳的八个被联合国教科文组织认定的世界遗产之一）

上图：穿着第8号连衣裙的艾米丽 · 芙洛格，连衣裙由克里姆特和芙洛格共同设计，1906年摄

对页左图：芙洛格姐妹时装店，由约瑟夫 · 霍夫曼和柯罗曼 · 莫塞尔设计，1904年摄

对页右图：印有芙洛格姐妹时装店抬头的卡片，由克里姆特设计，1904年

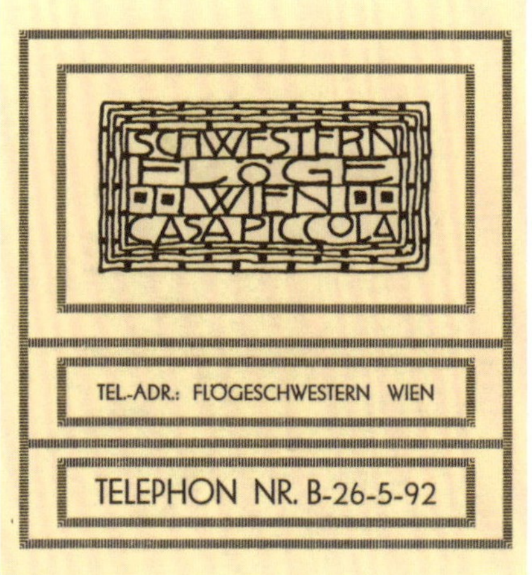

长袍，与克里姆特本人在工作室的着装非常相似。与《吻》（*The Kiss*）一样，这些马赛克壁画带有情色意味，画中男子的长袍是用代表“女性”的椭圆形装饰物以及代表“男性”的长方形装饰物来装点的。

克里姆特对应用艺术的开明态度也表现在他对时尚产业的兴趣中。他与芙洛格姐妹的关系使他有机会尝试服装设计。1895年，保利娜·芙洛格开办了一所服装学校，那也是艾米丽工作的地方。1899年，芙洛格姐妹赢得了一项著名的服装比赛，于是1904年，她们在卡萨皮卡拉的玛利亚希尔夫大街开办了芙洛格姐妹时装店，店铺由约瑟夫·霍夫曼和柯罗曼·莫塞尔负责设计。在芙洛格姐妹时装店里，克里姆特的影响无处不在，顾客中有很多是委托克里姆特绘制肖像的女性，店铺标志和服装标签也带有浓郁的克里姆特风格。1906年，克里姆特与艾米丽合作，设计了一系列服装，并交由芙洛格姐妹时装店生产和销售。克里姆特还邀请艾米丽担任模特，拍摄了许多她在户外穿着这些衣服的照片。服装的版型看似遵循了服装改革运动的理念，即鼓励女性放弃不健康的紧身胸衣和衬垫，但其奢华的材料和精致的几何图案暴露了克里姆特的意图，同样的，紧身高领的设计似乎也与改革理念相矛盾。

19世纪晚期维也纳的街道

第十章：犹太人的维也纳

事实上，20世纪初活跃在维也纳的三位重要画家——古斯塔夫·克里姆特、埃贡·席勒和奥斯卡·柯克西卡——都不是犹太人，然而由于他们的大多数赞助人、收藏家、经销商和相关评论家都是犹太人，他们招惹到了许多麻烦。在当时的维也纳，几乎没有哪个作家或知识分子是完全没有犹太背景的。无论是卡尔·克劳斯、罗伯特·穆齐尔、斯蒂芬·茨威格、胡戈·冯·霍夫曼斯塔尔、阿图尔·施尼茨勒、彼得·艾顿伯格，还是西格蒙德·弗洛伊德、古斯塔夫·马勒、阿诺尔德·勋伯格，都是犹太人或是所谓的“半犹太血统”。

根据1912年版《大英百科全书》的权威记录，当时维也纳总人口为1 662 269人，其中犹太人有146 926人，不到总人口的10%。目前尚不清楚146 926人是如何计算出来的，是只包括信仰犹太教的人，还是将已被当地同化且不信仰犹太教的人也计入其中。

1996年，在奥地利文化研究所组织的关于19世纪末维也纳文化及其犹太文化的研讨会上，伟大的艺术史学家恩斯特·贡布里希（他本人是维也纳犹太裔难民）在圣约翰伍德自由犹太教堂发表了一次引人深思的演讲，这次演讲再次激起人们对于这一问题的认识和讨论。

从演讲开始起，这位虚弱且年迈的历史学家，就调动起了听众的情绪。贡布里希以一份颇具挑战意味的声明开启了这次演讲：“我认为，犹太文化这一概念，其实就是希特勒及其先驱者和追随者的发明。”[1]贡布里希认为，维也纳的犹太资产阶级早已被这里彻底同化了，他们在文化上的拥护对象是歌德和贝多芬，而不是塔木德。这些人不一定把自己视作犹太人，这种粗暴的划分非常无礼。贡布里希的观点令人钦佩、逻辑无可辩驳，但仍然存在一些问题。必须说明的是，虽然维也纳的知识分子和艺术爱好者中有许多是犹太人（即使我们不能将他们定义为犹太人），但艺术家本人却不一定是犹太人。这种现象的出现，有一定的历史、社会和文化原因。我们完全可以忽略那些情绪化和伪科学的种族争论，事实上这些争论除了胡搅蛮缠一无是处。

其实，许多在维也纳的犹太人并不信犹太教，甚至改信了基督教。德国作家海因里希·海涅有一句著名的宣言，基督教的洗礼是“欧洲文化的通行证”。当然，对有些人来说，还有一些更为实际的因素。为了接受维也纳宫廷歌剧院院长一职的委任，马勒改信了天主教。作曲家勋伯格起初改信了路德教（这比天主教更适合犹太人），但为了回应纳粹对犹太人的迫害，他又改信了犹太教。

当谈到“无论犹太文化是什么，它都不是一种视觉文化”时，贡布里希提出了一个重要原因。[2] 正统犹太教规范中对具象艺术的禁令，无疑在一定程度上导致了犹太视觉艺术家相较于作家和音乐家更为匮乏的局面。同样位于维也纳的内城区，同样是圆顶设计，城市会堂犹太教堂的天顶画只有蓝底和几排星星，而圣彼得教堂的天顶画却十分精美。犹太人对视觉文化的忽视由此可见一斑。

维也纳犹太资产阶级对所有艺术（尤其是视觉艺术）热情的增长都与他们被同化的进程有关。数百年的半孤立经历，以及犹太人骨子里对知识分子的敬仰，为犹太人融入欧洲当地文化提供了强大的动力。在巴黎、柏林、布达佩斯以及其他西方国家的城市，当地的犹太人或多或少都在重复着相似的融入模式，这其中，又以维也纳最为突出。斯蒂芬·茨威格见证了这一过程：“对犹太人来说，适应这样的民族环境，或者说，适应这块自己生活的土地，不仅是一种自我保护，更是一种内心深处的强烈需求。他们需要有一个祖国，他们渴望安宁、休养生息和太平，渴望拥有一个不会把他们当作外来陌生人的地方，如此种种促使犹太人热切地把自己和当地文化联系起来。除了15世纪的西班牙，几乎找不到其他比奥地利更愉快、更富有成效地建立起这样纽带的国家了。”茨威格认为，对知识的渴望是“犹太人天性中最神秘也最强烈的倾向之一”，他还使用了瓦格纳式的类比："从犹太人的内心来说，他们似乎在无意识地避免成为一个不可靠的、卑鄙的、狭隘的、有害的、把一切视为交易的商人，而努力跻身于纯洁的、不计较金钱的知识分子行列。他们好像成了瓦格纳式的人物，试图打破金钱对自己和整个犹太民族的诅咒。"[3] 这虽然代表了当时的典型状况，但听起来有些不祥。

到了19世纪中叶，欧洲各地的旧贵族已不再在鼓励或赞助新艺术方面发挥重要作用。茨威格认为，在维也纳，艺术赞助人的角色主要由新兴的犹太资产阶级接任。"在维也纳，只有在艺术领域，才能让所有人感到拥有平等的权利，因为艺术和爱一样，被视为这个城市中每个人共同的义务，而犹太资产阶级通过提供援助和赞助，在维也纳文化进程中起到了举足轻重且无法估量的作用。他们是真正的观众、听众和欣赏者，他们使剧院和音乐厅座无虚席，他们购买图书和画作，他们参观各种展览，由于不受传统的束缚，他们的思维更加活跃，继而成了世界各地新潮流的支持者和推动者。他们几乎收藏了19世纪所有的艺术珍品，使当时的艺术实验有机会付诸实践。如果没有来自犹太资产阶级持续不断的激励，而仅依靠无作为的皇室，或更愿意在赛马、打猎方面挥金如土的贵族和信奉基督教的百万富翁，维也纳在艺术上会远远落后于柏林。"[4]

茨威格的结论是"被19世纪人们称颂的维也纳文化的十分之九是由犹太人促进、培育甚至创造的"，这一结论引起了贡布里希的警觉和愤怒，他认为这个观点十分危险。茨威格本人也清楚地意识到了这一危机，他说："不可否认，这是犹太人命运中永恒的悖论之一，因为知识界的犹太人数量过多，现在这种向知识界的转变已经变得如他们先前对物质领域的限制一样致命。"[5]

布莱恩·马吉在关于瓦格纳的精辟论证中，就人们关于犹太人对近代早期知识和文化生活的贡献的激烈辩论，做出了冷静客观的评价。马吉指出，对20世纪影响最大的三位思想家——马克思、爱因斯坦和弗洛伊德——都是犹太人，考虑到世界总人口中拥有犹太信仰或来自犹太背景的比例很小，我们需要解释导致这一局面的原因。马吉认为，正是在

插画中的人物是阿尔弗雷德·德莱弗斯，一名被战争委员会错误指控为向德国提供情报的法国犹太裔军官，《小日报》（*Le Petit Journal*），巴黎，1894年12月

同化的过程中，那些来自外部世界的新鲜刺激，激发了犹太人独有的思考和创造模式。被同化的犹太人从犹太传统和宗教信仰的束缚中解放出来，并且“无意识地表达着所处时代人们最关注的一切。犹太人已经成了典型的现代人”。[6]

伊莱·沙皮拉在她措辞激烈的《形式和诱惑——维也纳世纪之交的建筑、设计和犹太赞助人》（*Style and Seduction: Jewish Patrons, Architecture and Design in Fin de Siècle Vienna*）一书中明确提出，犹太资产阶级接下维也纳现代艺术赞助人这一角色的原因，与其说是渴望同化，不如说是决心为犹太人创造一种新的身份，或者用她的话说是新的“犹太身份”。“大多数犹太人抹去了犹太历史和文化的所有外在痕迹，以顺利融入新的文化。然而我认为，犹太人同艺术家、建筑师之间形成了一种新的文化关系，这种关系将犹太人的微观叙述牢牢地嵌入欧洲历史的宏观叙述中，由此，犹太人和他们选择保留的犹太文化就成了维也纳优秀文化的一部分。因此，不同于以往大众认知里的‘犹太身份’（Jewish identity），本书中的‘犹太身份’（Jewish identification）更强调一种主观认同感，意味着一种更主观的活动，即赞助人通过对现代艺术、设计和建筑对象的投资，直接或间接地重新定义了犹太文化。”[7]

《真相》（*Nuda Veritas*），布面油画，252厘米×56厘米，1899年，奥地利国家图书馆藏

不管出于什么原因，总之克里姆特的赞助人主要来自维也纳犹太资产阶级。尽管克里姆特本人还无法从智力上或政治上对他们提供支持和帮助，但他1899年创作的油画《真相》被解读为是对法国德莱弗斯事件不公评判的抗议。在维也纳的圈子里，这种感觉尤为强烈。作为维也纳自由派颇具影响力的报纸，《新自由报》（*Neue freie Presse*）的驻巴黎记者西奥多·赫兹尔在报道这起事件的同时，为作品引发的反犹主义感到震惊。反犹主义在巴黎和维也纳同时兴起，1895年反犹主义者卡尔·卢格当选了维也纳市长，这一切都使赫兹尔意识到同化是徒劳的，促使他撰写了《犹太国》（*Der Judenstaat*），并发起了犹太复国运动。伊莱·沙皮拉认为，克里姆特是有意识地通过自己的作品，为他的赞助人和收藏家，如卡尔·维特根斯坦、弗里茨·华恩多夫和阿黛尔·布洛赫·鲍尔等，创造了一个新的“犹太身份”。

《金衣女人》（又称《阿黛尔 · 布洛赫 · 鲍尔画像1》），贴金、银箔的布面油画，140厘米×140厘米，1907年，纽约新艺术画廊藏

第十一章：赞助人和收藏者

维也纳在商业性艺术画廊和经销商的发展方面落后于巴黎和柏林。这一点，加之某些个人倾向，导致克里姆特在事业高峰时主要依赖一个小圈子的个体赞助人和收藏家。在经历了维也纳大学天顶画的风波后，克里姆特对公共艺术失去了兴趣，同时，由于他引起的这场风波，也不太可能会有其他机构来委托和邀请他创作公共艺术项目了。同样值得注意的是，在维也纳的公共生活中仍然扮演重要角色的那些贵族，对克里姆特的艺术并没有兴趣。相反，新兴资产阶级成了克里姆特的主要赞助人，这个阶层中的大部分都是犹太人。无独有偶，这种现象也出现在了其他地方：在英国和法国，旧贵族纷纷放弃他们以前作为艺术赞助人的角色；在俄罗斯，像谢尔盖·希楚金等新兴的大收藏家大多来自新富商人阶层。

尼古拉斯·杜巴男爵

在克里姆特职业生涯早期，商人尼古拉斯·杜巴男爵是非常重要的维也纳赞助人，他并不是犹太人，而是希腊人，不过杜巴男爵在许多方面与那些犹太赞助人非常相似。对维也纳而言，杜巴男爵是一个白手起家且信奉着异教的外乡人，因此他更渴望融入维也纳的社交圈。杜巴家族与伦敦的艾奥尼迪斯家族有着非常多的相似之处，在收藏方面，他们都喜欢德加、德拉克洛瓦、安格尔、库尔贝、米勒等艺术家和拉斐尔前派的作品，与同时代的大多数英国人相比，他们的兴趣更广泛且更具冒险精神。

尼古拉斯·杜巴家的音乐室，由古斯塔夫·克里姆特设计，门上挂着作品《音乐2》，约1900年摄

相对于老城充斥着贵族宫殿且拥挤的街道，环城大道更加受到大多数新富人阶层的青睐，杜巴家族就在此建造了一座宏伟的宫殿，杜巴宫以其奢华的历史主义风格装潢而闻名。虽然杜巴宫的历史主义风格被克里姆特同时代的艺术家和设计师摒弃，但其富饶、理想化的总体艺术理念却在维也纳艺术圈留存了下来。20世纪初，克里姆特和约瑟夫·霍夫曼在设计斯托克雷特宫时将这一理念发扬光大。

杜巴宫中最著名的是图书馆，里面装饰着汉斯·马卡特的壁画和天顶画。为了获得令人满意的效果，杜巴男爵十分慷慨地赞助马卡特前往意大利，并嘱咐他："去威尼斯。除了学习那里的艺术什么都别干，学成回来装饰我的房间。"

20年后，杜巴男爵委托克里姆特和马奇来装饰杜巴宫中的其他房间。克里姆特负责音乐室的设计，马奇则负责餐厅的设计。克里姆特选择优雅

《弹钢琴的舒伯特》，布面油画，150厘米×200厘米，1899年，毁于1945年伊蒙多夫宫大火

的古典主义作为音乐室的设计风格，虽然这并没有背离杜巴宫整体的历史主义风格，但与马卡特设计的新文艺复兴时期风格的图书馆形成了鲜明对比。

与克里姆特后来的许多赞助人一样，杜巴男爵给予了克里姆特足够的创作自由。多次延期后，克里姆特终于完成了为音乐室创作的两幅油画《索普拉·波塔》（*Soprano Porta*，挂在门上），或许是在创作过程中发现了杜巴男爵的慷慨和包容性，克里姆特创作的这两幅画与杜巴宫其他物件的风格截然不同。这项委托开始于1893年，即克里姆特等人完成新城堡剧院的装饰工作后不久，当时，杜巴男爵很可能期待他们以那种准写实主义风格来装饰自己的家。但是，当克里姆特完成了《音乐2》和《弹钢琴的舒伯特》（*Schubert at the Piano*）两幅作品后，风格发生了彻底的转变。克里姆特等人的设计，就像是现代主义走进了混乱的历史主义殿堂。这在当时无疑成了人们关注的焦点，尖酸刻薄的卡尔·克劳斯讽刺道："作为分离主义者的冯·杜巴先生显然是非常可笑的。事情是这样的，在他委托克里姆特装饰音乐室时，克里姆特仍然以劳夫贝格尔那种学院派的方式在作画，最多会加入一些马卡特式的奢华点缀。然而，当克里姆特遇到赫诺普夫后，故事不再平淡，他成了一名点彩画家。当然，克里姆特的这一系列改变是得到赞助人默许的，因而我们可以推断冯·杜巴先生也已走上了现代化的道路。"[1]

在画作《弹钢琴的舒伯特》中，舒伯特在烛光下弹着钢琴，身边环绕着19世纪末风格的年轻女子，这一画面广为人知，该画作也成为克里姆特一生中最知名和被复制得最多的作品。根据赫尔曼·巴尔的说法，这是"奥地利画家最美的画"。对舒伯特的共同热爱可能是这位年轻艺术家吸引杜巴男爵的因素之一。杜巴男爵收集了大量重要的舒伯特手稿，并将其遗赠给维也纳的收藏机构。杜巴男爵去世后，莱德勒家族获得了克里姆特为音乐室创作的两幅作品，最终，这两幅作品在第二次世界大战末期与莱德勒家族收藏的许多其他杰作一同毁于大火。

索尼娅·克尼普斯

在克里姆特的重要客户中，索尼娅·克尼普斯是唯一的贵族。索尼娅·克尼普斯是她嫁给新兴资产阶级的丈夫，脱离贵族阶级后的名字，她之前还有一个非常贵族的名字叫索菲·阿玛莉亚·玛丽亚·弗雷弗洛·波蒂尔·德·埃谢尔斯。1898年，索尼娅·克尼普斯委托克里姆特创作了一幅肖像画，这是克里姆特以新的分离主义风格创作的第一幅作品。正如惠斯勒所描述的，肖像画的整体色调是优美和谐的粉色，构图呈现出惊人的不对称性，鲜花的放置带有明显的日式风情，克尼普斯右手的皮面素描本为画面提供了一抹可爱生动的红色，这本素描本似乎是克里姆特送给克尼普斯的礼物，也可能只是类似的一本。精心设计的构图和强烈的风格化元素，并没有影响作品的感染力和自发性。画面中表现出的温柔的亲密关系引发了这样的猜测：克里姆特与拥有一段不幸婚姻的克尼普斯之间可能不仅仅是艺术家和客户的关系。

克尼普斯后来证实，肖像画中的服饰是由克里姆特替她决定的。同克里姆特后来的几个模特一样，索尼娅·克尼普斯也过着一种总体艺术式的生活，她的妆容、衣着、生活环境和方式等都和谐统一。克里姆特的建筑师朋友约瑟夫·霍夫曼为克尼普斯设计了她在维也纳市内和乡村的住宅，并亲自监督了屋内每一处细节的装饰，包括要求以简单美观的画框展示克里姆特的作品。从克尼普斯住宅的室内照片可以看到，她拥有至少两幅克里姆特的作品——一幅是有果树的风景画，一幅是她在克里姆特去世后购买的未完成的《亚当和夏娃》（*Adam and Eve*）。终其一生，克尼普斯都非常珍视由克里姆特绘制的、记录下自己年轻样貌的肖像画。1950年，克尼普斯把肖像画卖给了奥地利画廊，条件是只有等到自己离世，这幅画的所有权才转让给画廊。在克里姆特去世40多年后的1959年，克尼普斯逝世。

布洛赫·鲍尔家族

由于一个轰动的、旷日持久的案件，一次破世界纪录的拍卖以及一部2015年上映的热门电影，克里姆特为阿黛尔·布洛赫·鲍尔绘制的第一幅肖像画《金衣女人》（*The Women in Gold*，又称《阿黛尔·布洛赫·鲍尔画像1》）成了他最著名的肖像画。

布洛赫·鲍尔家族是克里姆特客户的典型代表——实业家，他们的财富主要来源于糖，对维也纳这个以蛋糕和布丁闻名的城市而言，糖是一种非常重要的商品。阿黛尔·布洛赫·鲍尔也出生于一个富有的家庭，家族对银行、铁路和其他工业产业都有所涉猎。18岁时，阿黛尔与比自己年长得多的费迪南德·布洛赫结婚，这场婚姻看起来像是两个金融帝国的联姻，尤其是阿黛尔的姐姐玛丽·特蕾丝之前也嫁入了布洛赫·鲍尔家族，嫁给了费迪南德的哥哥古斯塔夫。这幅金色肖像画的委托可以追溯到1903年夏天，最初阿黛尔想将其送给父母作为结婚周年纪念礼物。正如我们从大量现存的习作中看到的那样，《金衣女人》的构思过程缓慢且复杂。直到1907年，克里姆特才完成了整幅画的创作。同年春天，《金衣女人》在曼海姆展出，次年又在维也纳展出。

左图：穿着维也纳工坊设计的裙子的阿黛尔·布洛赫·鲍尔，约1910年摄

右图：《阿黛尔·布洛赫·鲍尔，右四分之三的坐像》（*Adele Bloch Bauer, Seated in Three Quarter Profile, Facing Right*），纸面炭笔画，44.9厘米×31.8厘米，1903～1904年，纽约新美术馆藏

毫无疑问，这幅金色的肖像画是一个令人无法忽视的存在。从一开始，人们的反应就十分强烈，当然这其中也充斥着负面评论。有人用维也纳的俚语“*Mehr Blech als Bloch*”（“*Blech*”在德语中是黄铜或铜钱的意思，与阿黛尔的姓氏“*Bloch*”是谐音）[2]来讽刺这幅画，这句话很难翻译，大概的意思是这幅画中的黄铜色比人物更显眼，也可能是在暗讽克里姆特通过为贵族女性作画捞钱。不过，维也纳当地颇有影响力的《维也纳大众报》（*Wiener Allgemeine Zeitung*），被这幅“金色神殿中的神像”深深吸引住了。《金衣女人》充满了模棱两可的元素，它创作于20世纪初，带有美好年代的奢华风格和新艺术的强烈装饰意味，表现出19世纪末特有的邪魅诱惑。阿黛尔的姿势也模棱两可，她是站着还是坐着？尽管背景中有一张类似王位的椅子，但画中的阿黛尔似乎正准备站起来。阿黛尔像是

要完全融入金色的背景中，她的脸和瘦骨嶙峋的手被表现得如此强烈，使作品看起来仍是一幅肖像画而非华丽的装饰画。这幅画给人一种幽闭恐惧症的感觉，人们好奇克里姆特究竟是有意还是无意地以这幅画来批判财富对一个渴望知识、充满智慧的女人的约束。1910年拍摄的一张阿黛尔·布洛赫·鲍尔的照片显示，尽管克里姆特绘制的肖像画带有强烈的个人风格，但它确实是一幅准确的肖像，照片中，阿黛尔的表情同样慵懒迷人，眼睛在沉重的眼皮下微微上扬，嘴唇轻启。

克里姆特作为花花公子的名声，以及画作的情欲意味，再次引发了人们对艺术家和模特之间关系的猜测。值得一提的是，阿黛尔还激发克里姆特创作了另外两幅非常重要的作品——《茱蒂斯1》（*Judith I*）和《茱蒂斯2》（*Judith II*），而在克里姆特富有的客户中，显然很少有人会愿意做这类情色主题的模特。在阿黛尔的第一幅金色肖像画完成五年后，克里姆特又为阿黛尔创作了一幅新的肖像画，此时的克里姆特正处于创作成熟期，因此画作的用色更丰富，个人风格也更强烈。在第二幅肖像画中，阿黛尔的面部表情与第一幅非常相似，疲惫且沉重的眼皮、微微张开的嘴巴——这些细节都是早期社交型肖像画中完全不可能出现的，在那些肖像画中，人物的表情只有微笑。阿黛尔·布洛赫·鲍尔如僧侣般静态的正面全身像，与上方背景里常出现在中式姜罐上的神气活现的东方骑手形成了鲜明有趣的对比。

除了这两幅肖像画，阿黛尔和丈夫费迪南德·布洛赫·鲍尔还拥有四幅克里姆特的风景画。这些宏伟的风景画先后完成于1903～1916年。由于这些风景画在形式上非常相似，因此我们可以假设，至少从第二幅作品开始都是定制的而不是“买现成的”。

20世纪20年代初，阿黛尔举办了一场隆重的沙龙活动，克里姆特的画作帮她营造了高雅的氛围。在沙龙中，理查德·施特劳斯、斯蒂芬·茨威格、阿尔玛·马勒和弗朗茨·维尔费尔等文化名人可以与阿黛尔喜欢的左翼政治人物一起交流。1925年，阿黛尔·布洛赫·鲍尔去世，她在生前表示，她收藏的克里姆特作品最终都将交给奥地利官方保管，不

《阿黛尔·布洛赫·鲍尔画像2》（*Portrait of Adele Bloch Bauer II*），布面油画，190厘米×120厘米，1912年，私人收藏

过她的丈夫在有生之年仍享有作品的所有权。1938年德奥合并后，阿黛尔的丈夫费迪南德被流放，他的所有财产都被纳粹没收。克里姆特的这些画作被送到奥地利国家美术馆，并在那里展示了几十年，直到阿黛尔的侄女玛丽亚·阿尔特曼的诉讼获得胜利，这些作品才按照费迪南德的意愿回到了他的继承人手中。2006年，作品《金衣女人》拍出了1.35亿美元的创纪录高价，现藏于纽约新艺廊德奥美术馆中。正如阿黛尔·布洛赫·鲍尔所希望的那样，这幅神奇的画作现在属于蜂拥而至欣赏它的公众，即使这些公众也许并非阿黛尔预想的那些人。

卡尔·维特根斯坦

白手起家的卡尔·维特根斯坦一直以钢铁行业的“奥地利克虏伯”而闻名，但在他50多岁时，他忽然将兴趣转向了艺术。在与克里姆特进行的第一次正式交易中，维特根斯坦购买了巨作《黄金骑士》（*Golden Knight*），这件作品曾在1903年的分离派展览中展出，它是基于前一年展出的《贝多芬横饰带》的再创作。1904年，维特根斯坦夫妇委托克里姆特为他们的女儿玛格丽特·斯顿伯勒·维特根斯坦绘制一幅肖像画，像往常一样，他们需要等上一年。维特根斯坦夫妇为这幅肖像画支付了5000荷兰盾的巨额报酬，这使克里姆特跻身欧洲地区受富人青睐的肖像画家前列，在当时，这类艺术家的实际收入要远高于之前甚至如今的艺术家。历史学家托比亚斯·B.纳特曾计算过，克里姆特平均每年创作一幅正式肖像画和两三幅风景画，这足以让他在奥地利最好的地段购买一栋装修精良的乡村别墅。此后，维特根斯坦相继向克里姆特购买了作品《水蛇》（*Water Snakes*）和至少三幅风景画，这意味着仅凭维特根斯坦夫妇支付的报酬，克里姆特便可购买两栋这样的别墅。维特根斯坦曾委托约瑟夫·霍夫曼设计一座狩猎小屋，用于陈列《黄金骑士》和《玛格丽特·斯顿伯勒·维特根斯坦肖像》（*Portrait of Margarethe Stonborough Wittgenstein*），但这座小屋似乎与旁边19世纪80年代带有环城大道奢华风格的维也纳宫殿格格不入。

《欧金尼娅·普里马韦西》（*Eugenia Primavesi*），布面油画，140厘米×84厘米，约1914年，私人收藏

奥托·普里马韦西和欧金尼娅·普里马韦西

在与维也纳工坊合作的过程中，奥托·普里马韦西和欧金尼娅·普里马韦西对克里姆特产生了兴趣。来自奥托家族银行的财富，使他们得以在1912～1918年迅速收藏到一批克里姆特最后阶段创作的重要作品。普里马韦西夫妇的第一次正式委托发生在1912年，那次他们请克里姆特为女儿莫达绘制肖像画，那之后，他们还曾委托克里姆特为莫达的母亲，也就是欧金尼娅绘制肖像画。像往常一样，在开始创作前，克里姆

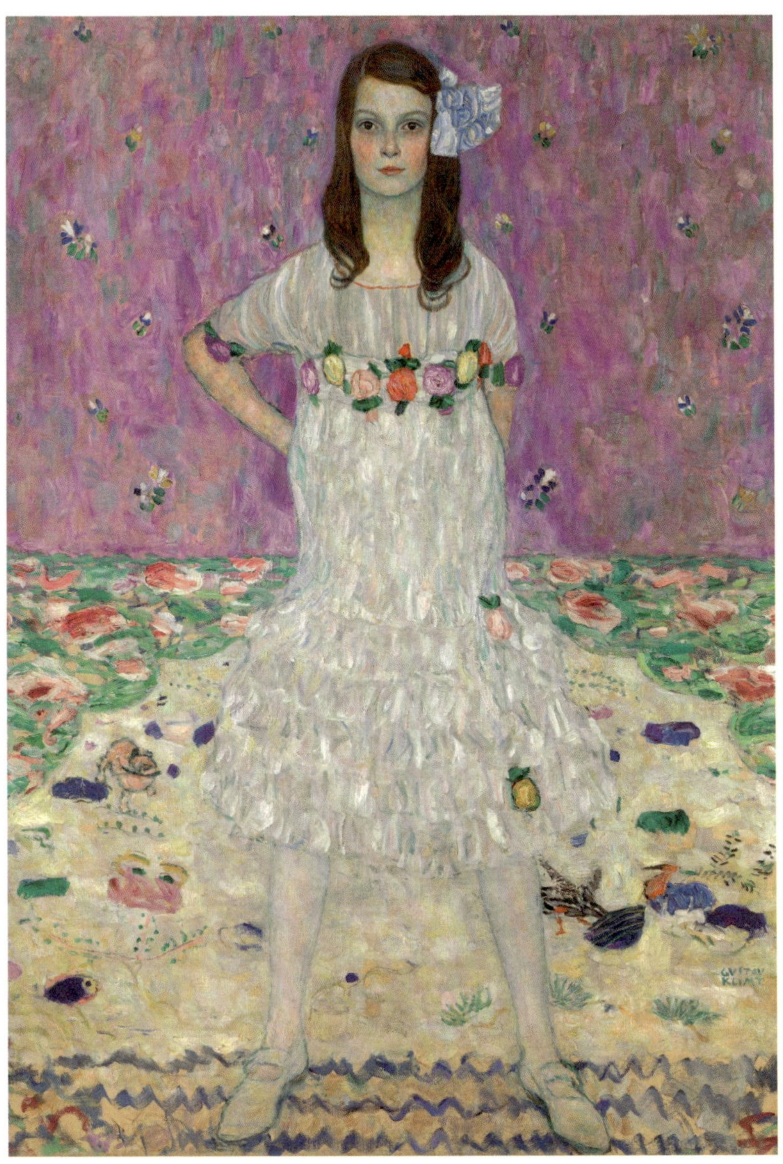

《莫达·普里马韦西》（*Mada Primavesi*），布面油画，110.5厘米×49.9厘米，1912～1913年，纽约大都会艺术博物馆藏

特得到了一大笔定金。克里姆特显然很喜欢绘制图案华丽的长袍，在为欧金尼娅绘制的肖像画中，他用长袍遮掩了模特微胖的身材，但这幅肖像画并不是他最成功的作品。这幅画的失败使我们意识到克里姆特在那些优秀的肖像画中对人物姿势和构图的把控，以及画面装饰和人物定位之间的微妙平衡关系。莫达的肖像画称得上是克里姆特最引人注目且最令人不安的作品。克里姆特描绘了一个带有挑衅意味的正面姿势，画面中的莫达双腿分开，双手藏在背后。当时的莫达只有九岁，但在这幅画中她看上去已经是一个年轻的女人了，似乎正在展示自己的曼妙身姿。克里姆特在绘制人物手部时非常娴熟，而且常常以此来增强画面的表现力，就像在《金衣女人》中所做的那样，在这幅画中，莫达的手背在身后显然是克里姆特有意识的决定，而不是像某些18世纪英国肖像画家那样仅仅为了偷懒。后来，普里马韦西夫妇还从克里姆特那儿买了几幅风景画，放在他们位于奥尔米茨附近的乡村别墅里，那座别墅是约瑟夫·霍夫曼为他们设计的。1914年，普里马韦西夫妇购买了克里姆特在他创作生涯的金色时期创作的《希望2》（*Hope II*），以及那幅在克里姆特死后仍沉睡在他工作室里的未完成之作《婴儿》（*Baby*）。

祖克坎德兄弟

克里姆特通过贝尔塔·祖克坎德·塞普斯（著名解剖学教授埃米尔·祖克坎德的妻子），结识了匈牙利犹太血统的祖克坎德兄弟埃米尔、维克托和奥托，他们分别在医学界的不同领域取得了辉煌的成功。贝尔塔是自由派《新维也纳日报》（*Neue Wiener Tageblatt*）的著名记者，也是克里姆特孜孜不倦的宣传者。在那个时期，若是一位艺术家能与记者和报纸编辑有交情，那么这一定对他的职业生涯大有裨益。甚至连马奈这样的艺术大师，也曾准备通过赠送肖像画的方式讨好那位对自己颇有成见的记者阿尔伯特·沃尔夫，毫无疑问，这位法国画家的成功在很大程度上得益于他与记者的接触。

除了记者的身份，贝尔塔还在维也纳经营着一家著名的沙龙，该沙龙最出名的宣传语是“我的沙龙包罗了整个奥地利”。在沙龙里，克里姆特可以会见马勒，戏剧导演马克斯·雷哈特、阿图尔·施尼茨勒，评论家赫尔曼·巴尔，以及正在维也纳访问的著名法国雕塑家罗丹。在第一次世界大战期间，贝尔塔曾试图利用她与法国政治机构的关系来通过谈判实现和平，然而她的努力并未起效。

祖克坎德兄弟收藏了大量克里姆特的绘画作品。令人惊讶的是，贝尔塔是几位祖克坎德夫人中唯一没有被克里姆特画过的人，也许是因为要做克里姆特的模特不仅需要高昂的报酬，还要有合适的体型，而贝尔塔显然没有。维克托的妻子保拉的肖像画在第二次世界大战期间消失，很可能被销毁了。奥托的妻子阿玛莉的肖像画，因第一次世界大战的爆发而一度暂停绘制，并且直到1918年克里姆特去世时仍没有完成。与其他未完成的作品一样，阿玛莉的肖像画很吸引人，因为它揭示了克里姆特的创作过程，这些都是在完成的作品中所看不到的。阿玛莉的肖像画是一个辛酸的记录，这个命运悲惨的女人和她的女儿后来在纳粹集中营被杀害。

瑟琳娜·莱德勒和奥古斯特·莱德勒

早在1898年，瑟琳娜·莱德勒和奥古斯特·莱德勒就委托克里姆特为瑟琳娜绘制惠斯勒风格的全身像，从这件作品开始，莱德勒夫妇便以收藏家的身份贯穿于克里姆特的整个职业生涯中。莱德勒家族经营烈酒产业，与克里姆特圈子里的其他被同化的犹太人不同，莱德勒夫妇并没有皈依基督教，而是一直忠实于犹太教，直到寡居的瑟琳娜在德奥合并期间被纳粹胁迫才不得已放弃信仰。奥古斯特·莱德勒经常受到各种攻击，这其中有一定程度的反犹主义意味，因为他一度被认为拥有仅次于罗斯柴尔德家族的财富。克里姆特与这些富有的犹太赞助人之间的关系，使得他和分离派美学也不可避免地成为攻击的对象。1900年，拥有

《瑟琳娜·普利策·莱德勒肖像》，布面油画，190.8厘米×85.4厘米，1899年，纽约大都会艺术博物馆藏

犹太血统但对此毫不在意的卡尔·克劳斯含沙射影地写出了一段十分令人不快的话："正如曾经每一个贵族都有自己的房子，现在每一个犹太资本家都有为自己创作的分离派艺术家。投资者齐勒和煤炭主贝尔聘用默尔先生为艺术代理人，莱德勒则在克里姆特的指导下创作分离派绘画。"[3]

克里姆特的工作室位于约瑟夫城市大街，只需步行便可到达莱德勒的家。据莱德勒夫妇的儿子埃里希回忆，克里姆特是他们家的常客，几乎每周四晚上都要来吃饭。在瑟琳娜的劝说下，克里姆特同意分别为瑟琳娜可爱的女儿伊丽莎白以及年迈的母亲夏洛特·普利策绘制肖像画。这对于一个只爱画自己感兴趣的女性的艺术家而言，是一个罕见的改变，这也是克里姆特唯一一次为一家三代的女性绘制肖像画。除了几幅风景画和数百幅速写，莱德勒夫妇关于克里姆特的收藏品还包括两幅维也纳大学天顶画、《弹钢琴的舒伯特》、《贝多芬横饰带》和许多其他重要的作品，这也是迄今为止最全面的克里姆特收藏。

奥古斯特·莱德勒于1936年去世，他因此躲开了不久后的战乱。瑟琳娜逃往布达佩斯，于1943年去世。莱德勒夫妇的两个儿子也成功逃到了国外，只有女儿伊丽莎白留在国内。或许是为了获得安全感，伊丽莎白在与巴乔芬·埃希特男爵结婚时改信了新教，然而短短几个月后她就离婚了。此后，伊丽莎白发表了一份正式声明，宣称自己的父亲不是奥古斯特·莱德勒，而是古斯塔夫·克里姆特，表明自己是纳粹所谓的"半犹太人"，这份声明让伊丽莎白化险为夷，得以惴惴不安地生存下去。这一事件似乎也侧面体现了人们对克里姆特风流成性的深信不疑。伊丽莎白·莱德勒最终于1944年去世。

莱德勒家族收藏的大部分克里姆特作品被纳粹没收，并运往伊蒙多夫宫集中保管。第二次世界大战即将结束时，一场大火让这些藏品毁于一旦，这绝对是世界艺术的重大损失。幸好，其他艺术家的作品，并未遭受类似的损失。

左图：《艾米丽·芙洛格肖像》，布面油画，178厘米×80厘米，1902年，维也纳博物馆藏

对页图：阿特湖畔的艾米丽·芙洛格，由克里姆特拍摄，1906年摄

第十二章：肖像画

19世纪中期至20世纪20年代初的美好年代是最后一个属于社交肖像画的伟大时代，也是最后一个艺术家可以专攻肖像画且能因此得到尊重的时期。虽然克里姆特画了许多有趣且非常著名的肖像作品，但他和自己的同龄人约翰·辛格·萨金特、乔瓦尼·博尔蒂尼等肖像画家并不相同。如果把西方肖像画家分为对写实更感兴趣的画家（如凡·艾克、荷尔拜因、委拉斯开兹、伦勃朗、戈雅）和对美更感兴趣的画家（如布隆齐诺、凡·代克、安格尔），那么克里姆特一定属于后者。通过对比模特的照片，你会发现，克里姆特的肖像画确实能够准确表现出模特的样貌以及性格，但总体而言，他更感兴趣的是创造一个时尚和美丽的形象，而不是简单复制模特的外表或分析模特的个性。

克里姆特职业生涯的第一阶段，主要从事公共艺术，即为剧院和公共建筑绘制壁画，在那时，几乎没有人能想到克里姆特日后会如此热衷于肖像画。然而，其实早在为城堡剧院和艺术史博物馆绘制壁画期间，克里姆特就为家人和朋友绘制了许多肖像画，并将这些肖像运用到了壁画中。学生时代的克里姆特和小恩斯特为了赚钱，也接过将照片转为小肖像画的工作。虽然这段补贴家用的经历在克里姆特漫长的职业生涯中几乎可以忽略不计，但正是这段经历帮助克里姆特获得了许多有用的技能。

1888年，克里姆特接受委托为老城堡剧院绘制一幅观众群像，这幅作品在某种意义上是独一无二的。虽然从美学角度来看，这并不是克里姆特最出色的作品，但这毫无疑问是一份不可多得的图像资料，从大公爵、记者到演员，作品呈现了当时维也纳社会的各个不同阶层。借助这幅画的照片，我们识别出了其中许多人的身份，比如作曲家约翰内斯·勃拉姆斯、后来的维也纳市长卡尔·卢格、著名的喜剧演员和歌剧演员亚历山大·吉拉迪，以及皇帝弗朗茨·约瑟夫喜爱的女演员凯瑟琳·施拉特。很明显，即使不是全部，这幅作品中的大多数人物也都是根据照片而非现场写生出来的。画作的整体效果很像拼贴画，这多少有些让人感到不可思议，克里姆特这样一位高水准的艺术家在自己职业生涯的这一阶段竟不能在群像人物之间创造出一种更逼真的互动关系。

1890年，克里姆特创作了《约瑟夫·彭鲍尔肖像》（*Portrait of Joesph Pembauer*），画面中的钢琴家和蔼却不失肃穆，这幅小画像显然也是根据照片而非写生出来的。这很难算得上是一次成功的尝试。在这一阶段，克里姆特尚不能很好地将肖像画的不同元素与自己的风格融合在一起。但是，在这幅画中，我们第一次看到了几个带有克里姆特后期肖像画风格的特征，例如写实主义的人物面部与平面化的背景图案之间的对比、将画框装饰纳入整体构图的尝试、金箔的使用，以及从其他装饰物中提取的元素（如本例中的希腊花瓶）。

男性肖像画在克里姆特的作品中很少见，而且它们大多创作于1900年以前。其中最引人注目的或许是创作于1896年前后的《盲人》（*The Blind Man*）。与紧凑匀称的《约瑟夫·彭鲍尔肖像》和克里姆特19世纪90年代早期的其他作品相比，这幅作品的画风更加自由。模特被放在一个颇具戏剧性的侧光中，以突显其上了年纪、带有岁月痕迹的皮肤。克里姆特对这幅独特的作品非常满意和自豪，并将其放入了分离派第一次展览中。

1894年，克里姆特创作了《坐着的年轻女孩》（*Seated Young Girl*），同《约瑟夫·彭鲍尔肖像》一样，这幅画应该也是直接根据照片画出来

左图：《约瑟夫·彭鲍尔肖像》，布面油画，69厘米×55厘米，1890年，奥地利斐迪南博物馆藏
右图：《坐着的年轻女孩》，木板油画，14厘米×9.5厘米，1894年，维也纳利奥波德博物馆藏

的，但效果更令人满意。克里姆特奇迹般地将一张平庸的照片变成了一件精美动人的艺术品。身穿白裙的小女孩坐在椅子上，椅子的雕花扶手突兀地闯入了画面的左下角，整幅画的光影效果让人不禁联想到维米尔创作油画时使用的暗箱技术。画面中，女孩引人注目的直率目光，以及克里姆特明晰的自然主义风格，让人联想到费迪南德·乔治·瓦尔特米勒（1793～1865年）和弗里德瑞秋·冯·莫林（1803～1887年）等艺术家在毕德麦雅时期绘制的肖像画。无独有偶，克里姆特在1899年为杜巴男爵的音乐室绘制的《弹钢琴的舒伯特》，也成功唤起了人们对毕德麦雅时期舒适家庭生活的回忆，毕德麦雅时期的生活在19世纪末被视为狭隘的小资产阶级，这似乎暗示着克里姆特已经走在了时代的前沿。

1900年后，人们再次燃起了对毕德麦雅时期的兴趣。毕德麦雅时期简洁的装饰艺术风格吸引了那些想要对抗过于花哨的新艺术风格的设计师，同时，毕德麦雅风格肖像画对人物心理直接且写实的描绘也吸引了年轻一代的艺术家。1905年，克里姆特的朋友卡尔·默尔在维也纳的米泰克画廊举办了一场具有里程碑意义的毕德麦雅风格肖像画展。在《维也纳大众报》的一篇文章中，克里姆特亲密的伙伴和伟大的支持者之一贝尔塔·祖克坎德，表达了自己对奥地利画家瓦尔特米勒的喜爱，她说瓦尔特米勒创作的肖像画具有非凡的现代感和“深刻的穿透性”。

另一幅创作于1894年左右的迷人肖像画《黑衣女子的肖像》（*Portrait of a Lady in Black*），表现了克里姆特转型时期的风貌，并预示了他成熟时期肖像画中的某些重要特征。与另一幅风格相近的白衣女子肖像画相比，《黑衣女子的肖像》的尺寸要大得多（155厘米×75厘米）。精致的画面、模特端庄肃静的姿态和左下角躺椅的椅背部分都保留了摄影作品的气息。此外，画面左上角平挂在墙面上的东方地毯、边界分明的轮廓和负空间则预示着克里姆特后续的绘画风格。

1898年，克里姆特在分离派第二次展览中展出了《索尼娅·克尼普斯肖像》，该作品的完成标志着克里姆特已然是一名成熟的肖像画家，也标志着他步入了创作的新阶段——惠斯勒时期。美国人詹姆斯·麦克尼尔·惠斯勒（1834～1903年）是第一位将“美好年代”肖像画的各种基本要素融合在一起的艺术家，这些要素包括古典大师的精湛画技、18世纪英国肖像画的优雅、马奈和德加的现代感性以及日本的装饰绘画。易怒暴躁的脾气，使得惠斯勒最终无法成为一名杰出的社会肖像画家，但他的创作模式却被萨金特和许多其他“美好年代”的肖像画家成功复制了。克里姆特一定特别欣赏惠斯勒“为艺术而艺术”的唯美主义，以及他对日本风格和委拉斯开兹风格（德加评价其为“精致的混乱”）的融合。早在19世纪70年代，惠斯勒就在绘制《灰与绿的和谐：西西莉·亚历山大小姐》（*Harmony in Grey and Green: Miss Cecily Alexander*）时，实现了这种融合。画中小女孩的灵感来自委拉斯开兹《宫娥》（*La Meninas*）中的小公主，小女孩的姿势（她维多利亚时代的父母看到后一定相当震惊）则借鉴了马奈为西班牙舞蹈家洛拉·德·瓦朗斯绘制的肖像画。作品《灰与绿的和谐：西西莉·亚历山大小姐》与维多利亚时代的温馨和多愁善感背道而驰，因此引发了英国艺术评论家的敌意（诸如“这是个不祥的预兆”等负面评价），但这幅作品却预示着克里姆特以及与他同时代的受弗洛伊德理论影响的维也纳年轻人对儿童的另一种描绘方式。

此外，克里姆特的强迫症似乎也有惠斯勒的影子。惠斯勒非常注重模特的穿衣打扮，甚至是模特脚下的地毯。《灰与绿的和谐：西西莉·亚历山大小姐》中小女孩的服装就是惠斯勒亲自设计的。在给女孩母亲的一封信中，惠斯勒告知她哪里可以买到自己需要的印度白细布，并描绘了自己设计的裙装：“我会在连衣裙的裙摆和其他边缘打一些褶，在领子或花边的位置打一些更精致的小褶，然后用浅黄色丝带将褶子串起来并打上蝴蝶结……洗衣女工洗完后，会用淀粉上浆，使褶边和裙摆等部分更加挺括。整个过程不能出一点差错！”[1]

惠斯勒喜欢根据画作的风格对展览空间进行室内设计，以此为画作创造一个和谐的陈列环境，这也引起了克里姆特和他时尚的维也纳客户的极大兴趣。惠斯勒是第一批受邀参加分离派展览的外国艺术家之一，因此克里姆特有足够的机会研习惠斯勒的作品。在惠斯勒眼中，克里姆特的《索尼娅·克尼普斯肖像》可以说是银色与粉色的和谐合奏。克里姆特画作中精致的用色、模糊的焦点、省略的前景和背景，以及非常日式的构图，都会让人想起惠斯勒。

克里姆特的其他肖像画同样显示出来自惠斯勒的强烈影响，如1899年的《瑟琳娜·普利策·莱德勒肖像》（*Portrait of Serena Pullitzer Lederer*）和1904年的《赫敏·加利亚肖像》（*Portrait of Hermine Gallia*），在绘制后者时克里姆特已经进入了一个新的阶段。每一幅肖像画都可以用奶油色与银色的精美融合来形容。《瑟琳娜·普利策·莱德勒肖像》和《赫敏·加利亚肖像》都是竖构图，通过剪切的方式破坏了画中元素的整体性，并以此在画面底部构建出一个模糊的空间，在《瑟琳娜·普利策·莱德勒肖像》中，克里姆特借助这种方式掩盖了模特身高的不足。此外，两幅作品均呈现出不对称性，赫敏·加利亚偏向画面左侧，瑟琳娜·莱德勒则偏向画面右侧，两人都自然地向反方向歪着头，表情

《赫敏·加利亚肖像》，布面油画，170.5厘米×96.5厘米，1904年，伦敦英国国家美术馆藏

恍惚且茫然。

《赫敏·加利亚肖像》曾以未完成的状态出现在克里姆特1903年的个人回顾展中。一张刊登在《艺术》杂志上的照片向我们呈现了作品展出时的场景，克里姆特并没有选择19世纪常见的繁复笨重的镀金画框，而是将画作装裱在一个简单的窄边画框里，展厅背景是一大面空旷的白墙，墙上只挂了这一幅画，画的两侧各放了一把椅子，椅子上放着印有几何图案的靠垫。在一张加利亚和丈夫莫里茨的公寓照片中，我们再次看到了这幅肖像画，公寓由约瑟夫·霍夫曼于1913年设计，作品《赫敏·加利亚肖像》被挂在公寓的墙上。或许，对如加利亚这样的新富人阶层和被同化的犹太人而

悬挂于维也纳霍赫瓦茨亨内伯格别墅大厅的《玛丽·亨内伯格肖像》（*Portrait of Marie Henneberg*），由克里姆特绘制，1903年摄

言，委托如克里姆特等艺术家绘制肖像画，更像是在购买一种生活方式。

《赫敏·加利亚肖像》已经依稀显露出克里姆特下一阶段风格的特征——“精致的混乱”将被更稳定、更清晰的轮廓取代。克里姆特以厚涂法表现赫敏的珠宝，创造出一种近乎拼贴画的效果。乔治·修拉的弟子提奥·范·里斯塞尔伯格和保罗·西涅克在参加分离派展览时，将点彩画引入了维也纳，或许是受此影响，克里姆特在《玛丽·亨内伯格肖像》（1901～1902年）和《格尔塔·费尔索瓦尼肖像》（*Portrait of Gertha Felsovanyi*，1902年）中也运用了点彩画法。《格尔塔·费尔索瓦尼肖像》还借鉴了日本长卷版画的构图，这种形式最初源自中国的卷轴画。

1902年，克里姆特展出了《艾米丽·芙洛格肖像》，这幅全身像比《赫敏·加利亚肖像》还要早完成一年多，向世人公开展示了克里姆特的新肖像风格，也是他最受欢迎的风格。在创作这幅全身像时，克里姆特面对的不再是富有的顾客，而是自己亲密的朋友，此时的他更愿意去尝试一些新方法。芙洛格的脸、手和胸脯都被自然地表现了出来，周围是用金箔和银装饰的抽象背景。这是1890年克里姆特在为约瑟夫·彭鲍尔绘制肖像画时尝试过的一个方法，不过当时他做得更粗略些。从画面比例上看，《艾米丽·芙洛格肖像》不如《格尔塔·费尔索瓦尼肖像》长，但构图仍是典型的日式风格，不仅如此，克里姆特还追随日本的风尚，在画面右侧贴上了一块显眼的方形金箔，并在金箔上签上了自己的名字。在1908年保罗·波烈提出“将女性从束胸衣中解放出来”的口号前，世人仍偏爱凸显女性沙漏型身材的束胸衣，但克里姆特显然没有顺应这种潮流，他笔下的芙洛格拥有流线型的纤细身姿。芙洛格并没有穿她自己设计的简洁宽松的礼服，而是选择了一件更显身形的华丽礼服。芙洛格颈部的装饰几乎要将她的头与身体切割开来，这一手法源自比利时象征主义艺术家费尔南德·赫诺普夫，也是克里姆特在描绘女性时常用的手法。

芙洛格显然并不喜欢自己的这幅肖像画——这是每个肖像画家都必须承担的风险，但当画家不再完全受有钱客户的摆布时，风险就相对小了很多。1908年，克里姆特以12 000克朗的高价将这幅被委托人拒绝的肖像画卖给了奥地利国家博物馆，从侧面说明了他当时的声望。事后，克里姆特告诉芙洛格：“就在刚才，你被‘卖’了，或者说‘变现’了。”

在《维也纳大众报》上，贝尔塔·祖克坎德热情洋溢地介绍了《艾米丽·芙洛格肖像》：“在不同寻常的取景方式下，画中女子迷人的脸庞、优雅的身形似乎提升了一个档次。女子的头部戴着蓝绿色的发光装饰，背景则是带着神秘主义的拜占庭风格用色。”[2] 作为艺术家的密友，贝尔塔毫无疑问已经意识到，克里姆特在拉文纳的经历以及他对拜占庭风格马赛克燃起的热情，这将在克里姆特下一阶段工作中扮演重要的角色。

在接下来的几年里，克里姆特又先后创作了《玛格丽特·斯顿伯勒·维特根斯坦肖像》（1905年）和《弗里扎·里德勒肖像》（*Portrait of Fritza Riedler*，1906年）等颇具洞察力的女性肖像画，《艾米丽·芙洛格肖像》中表现出的新肖像风格得以发扬光大，最终凝聚在画作《金衣女人》中，这也是克里姆特知名度最高的作品。

除了芙洛格，玛格丽特·斯顿伯勒·维特根斯坦也对克里姆特绘制的肖像画不太满意。两年后，萨金特宣布不再接受肖像画委托，因为人们对于肖像画的认知不过是简单的“这个嘴巴画得不像”[3]。在为玛格丽特绘制肖像画时，也许是出于对她知识分子身份的妥协，克里姆特并没有使用同一时期其他肖像画中常用的装饰性背景，而是采用了严谨的几何形背景。哲学家路德维希·维特根斯坦在为妹妹玛格丽特设计现代主义风格的别墅时，沿用了这种严谨的创作理念。

《玛格丽特·斯顿伯勒·维特根斯坦肖像》和《弗里扎·里德勒肖像》都有一个奇怪的特征，那就是模特头部后方墙上的半圆形，平面化的设计使这个半圆形看起来仿佛变成了模特的头饰，这与委拉斯开兹绘制的哈布斯堡公主肖像画（现藏于维也纳艺术史博物馆）中的精美头饰非常相似。

《弗里扎·里德勒肖像》展示了克里姆特兼容并蓄的折中主义原则，画作融合了日本艺术、西班牙宫廷肖像、拜占庭马赛克和古希腊装饰图案等元素，与克里姆特前期的肖像画风格截然不同。

随着《金衣女人》的完成，克里姆特达到了这一阶段的艺术创作巅峰。《金衣女人》大获成功，但克里姆特一定也十分清楚地意识到这种风格已经被他做到了极致，换句话说，克里姆特已经在这条路上走到了尽头，需要换一条路了。为了摆脱困局，克里姆特开始转向法国现代主义，在人生的最后十年里，他一直在不断探索这种更自由、更具绘画性的风格。克里姆特在1903年分离派展览中对法国绘画的研究，使他有机会接触到印象派和后印象派的代表艺术家。克里姆特再次表现出了自己强大的能力，既可以吸收不同艺术风格，又能完全保持自我特色。

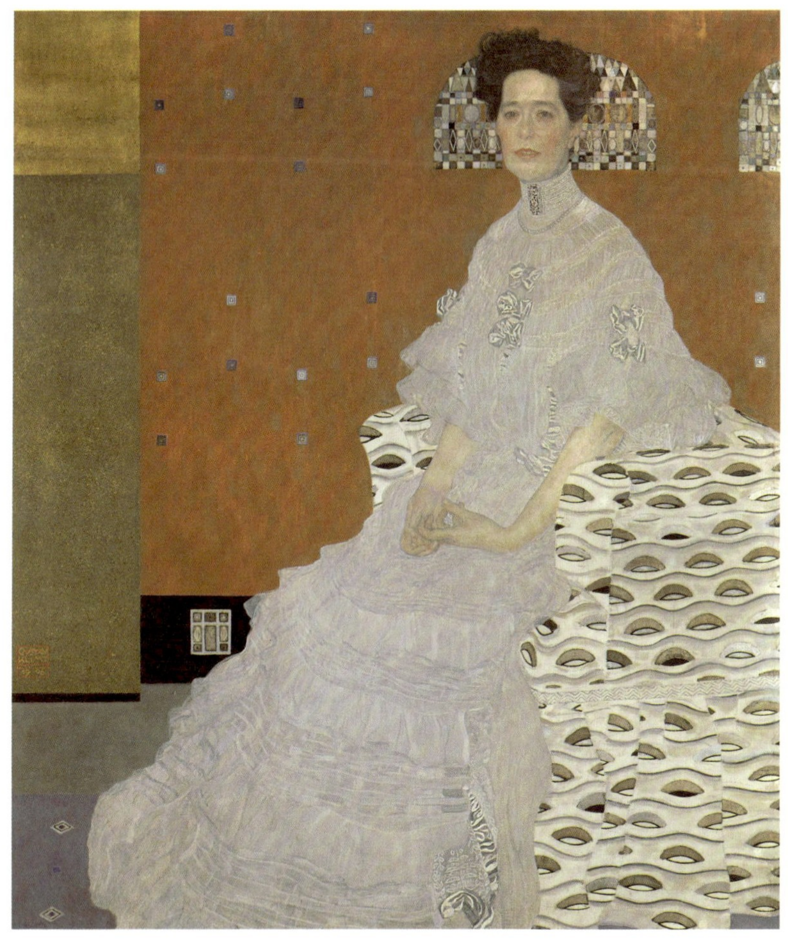

1909 ~ 1910年，克里姆特在两幅非委托肖像画中尝试了自己的新风格。其中，《戴羽毛围巾的女子肖像》（*Portrait of a Woman with a Feather Boa*）呈现出一种全新的绘画形式，描绘了一名现代都市女性意味不明的侧视，女子有着火红的头发和血红色的上唇，黑色羽毛围巾略微遮住了女子的部分脸庞。克里姆特以光怪陆离的夜色背景取代了之前平面化和风格化的背景，他画得如此随意，以至于我们无法确定背景究竟代表了什么。

对页图：《弗里扎·里德勒肖像》，布面油画，153厘米×133厘米，1906年，奥地利美景宫美术馆藏

右图：《玛格丽特·斯顿伯勒·维特根斯坦肖像》，布面油画，179厘米×90.5厘米，1905年，慕尼黑新艺术画廊藏

弗里德里克·玛丽亚·比尔穿着埃贡·席勒画中的那条由维也纳工坊设计的裙子，1914年摄

《戴羽毛围巾的女子肖像》采用的薄涂法和干画法，让人不禁想起法国画家亨利·德·图卢兹·罗特列克的作品。当然，这种大胆的尝试是不可能出现在委托人要求的肖像画中的，但克里姆特在后续的肖像画中，找到了其他释放自己激情的方式。

1912年，克里姆特用新的方式创作了《阿黛尔·布洛赫·鲍尔画像2》，与五年前绘制的《金衣女人》形成了精彩的对比。两幅作品中，克里姆特对阿黛尔人物特征的描绘仍然非常一致，同样沉重的眼睑，同样微张的嘴巴，同样疲惫倦怠的氛围和像爪子一样的手，不过这一次，阿黛尔的手无力地垂在身侧。与《金衣女人》相比，第二幅肖像画是一场色彩的盛宴。第一幅肖像画中的金箔装饰被源自姜罐的东方骑手取代，骑手的活力与模特的慵懒形成了鲜明的对比。

左图：《弗里德里克·玛丽亚·比尔肖像》，布面油画，168厘米×130厘米，1916年，米兹·布卢门撒尔藏品，特拉维夫艺术博物馆藏

右图：《弗里德里克·玛丽亚·比尔肖像》，埃贡·席勒，布面油画，190厘米×120.5厘米，1914年，私人收藏

克里姆特在1916年绘制《弗里德里克·玛丽亚·比尔肖像》（*Portrait of Friederike Maria Beer*）时，也使用了类似的设计。模特身边环绕着异域风格的骑手，他们似乎正在愤怒地将剑和矛刺向这个慵懒安静的年轻女子。弗里德里克·玛丽亚·比尔是一位非常有远见的女性，她同时委托古斯塔夫·克里姆特和埃贡·席勒为自己绘制肖像画，这使我们有机会直观地比较这两位20世纪初的维也纳伟大肖像画家的作品。席勒让这个年轻的女人在地板上摆出一个类似胎儿的姿势。与克里姆特作品的恐惧留白（Horror Vacui）相比，席勒的模特周围空无一物。根据比尔当时拍摄的照片，我们可以了解到克里姆特的肖像画更准确地还原了这位令人愉悦的胖女人，而席勒则将自己神经质的紧张情绪，甚至消瘦的身材投射到了模特身上。

上图：《桦树林1》（*Beech Forest I*），布面油画，100厘米×100厘米，约1902年，德累斯顿德国国家美术馆现代大师画廊藏

对页图：阿特湖卡默尔宫殿公园的大道

第十三章：风景画

19世纪下半叶，维也纳的飞速发展和快速推进的城市化进程，让许多维也纳人希望在夏季远离闷热的城市。铁路系统的建设与完善为这股每年夏季的“移民潮”提供了便利。富有的资产阶级会在奥地利一些宁静优美的湖畔租一栋别墅住上两三个月，甚至直接造一栋别墅。阿特湖是上奥地利州萨尔茨卡默尔古特的众多湖泊之一，它的尽头是多瑙河，因其夏日里宜人的微风和蓝天碧水的优美环境而特别受欢迎。对喜欢划船和游泳的克里姆特而言，阿特湖无疑是避暑胜地。

从19世纪90年代起，克里姆特一直保持着每年创作一批风景画的习惯，这些风景画通常完成于他在阿特湖与芙洛格姐妹相伴度假期间。阿特湖附近还有一个非常时髦的度假胜地——巴德伊舍，每年夏天，皇帝及其核心圈子的成员都会选择去巴德伊舍度假。不过，这一切并没有打破阿特湖本身的宁静，它仍是克里姆特向往的休憩之地。这里风景如画，峰峦起伏。但克里姆特刻意忽略了更为戏剧化或者说更适合入画的阿特湖风景，选择在自己的风景画中加入了带有乡村建筑群的街道等元素，以增强画面的家庭氛围并适当减弱浪漫主义情调。即使是克里姆特不止一次画过的卡默尔宫殿公园，也不可避免地带有强烈的家庭氛围。

左图：克里姆特与芙洛格姐妹在阿特湖畔，约1910年摄

对页图：《阿特湖》（*Attersee*），布面油画，80厘米×80厘米，1901年，维也纳利奥波德博物馆藏

第118~119跨页图：阿特湖和奥地利境内的阿尔卑斯山

费迪南德·克诺普夫在1898年分离派第一次展览上展出的作品《水》（*Still Water*），对克里姆特早期的风景画产生了较大的影响。克诺普夫的画更像是一种情感的呼唤——法国人称之为“灵魂的状态”——以印象派的方式记录时间和地点。克里姆特的朋友兼评论人赫尔曼·巴尔，将克诺普夫的艺术与被称为“比利时莎士比亚”的莫里斯·梅特林克的作品进行了比较，并评价道：“克诺普夫再现了梅特林克（比利时剧作家）笔下的世界，是一位表现人们内心世界的画家……梅特林克常说，我们所说或所做的并不重要，因为它们只是表象，真实的我们被隐藏在了那表象之下……这就是克诺普夫试图通过自己的作品传递给观众的东西。”[1]

与克诺普夫相同，克里姆特创作于19世纪90年代后期的风景画更多地将关注点放在了情感而非表面景致上，比如《池塘》（*Still Pond*）和《雨后》（*After the Rain*）。两幅画都采用了柔和的色调，与克诺普夫的创作手法十分相似。此外，克里姆特《池塘》的构图也非常接近克诺普夫的同名作品，画作的视角很高，树的上半部分和下方的倒影都因超出画面而被切割。从构图上看，画作无论是倒挂还是正放，效果都很不错。事实上，在20世纪80年代初，克诺普夫的作品就曾意外地被倒挂着展出于维也纳艺术史博物馆，并且在很长一段时间里并没有人发现它被挂反了。

上图：《阿特湖卡默尔宫殿公园的大道》，布面油画，110厘米×110厘米，1912年，维也纳美景宫美术馆藏

对页图：阿特湖卡默尔宫殿公园风光，1930年摄

克里姆特风景画的许多特征都源自日本木刻版画，如非常高或非常低的视角、平面化的空间、不对称的构图和对重要元素的切割。1900年以后，在印象派的影响下，克里姆特的风景画用色开始变得越发明亮。尽管克里姆特在某些方面与莫奈和印象派有着很大的不同，但他的用色和小笔触都表明他对莫奈有过深入研究。如克里姆特1901年创作的《阿特湖的小岛》（*Island in the Attersee*），无论是在色彩明度上，还是用

水平的笔触表现水面波光的手法，都与莫奈的作品十分相像。不过，虽然莫奈也借鉴了日本版画的元素，如高视角和画面切割效果，但他的作品并不像克里姆特那么平面化，也没有过多关注图案元素。与印象派的风景画和水景画不同，克里姆特的风景画中虽然出现了建筑，但并没有表现出任何人类居住及活动的痕迹，他也从来没有试图通过光照变化来表现某一特定的天气情况或一天中的某个时间段。除了莫奈，克里姆特还从凡·高那儿汲取了不少的绘画经验，克里姆特在那一时期创作的景观往往令人愉悦且欣欣向荣，而不是充满焦虑的。不仅如此，克里姆特还喜欢用强烈且富有表现力的笔触强调画面次要景观的轮廓，比如“阿特湖卡默尔宫殿公园的大道”系列。

如今，通过克里姆特与他的模特兼情人米兹·兹曼尔曼（生了两个私生子）的秘密通信，我们得以了解克里姆特与芙洛格姐妹度假时的日

《阿特湖卡默尔宫殿公园3》（*The Schloss Kammer on the Attersee III*），布面油画，110厘米×110厘米，1910年，私人收藏

程安排："我通常在清晨六点左右起床。如果天气好，我会去附近的森林，去那里画桦树林（有太阳的时候），桦树林里还混杂着几棵松树，我会在那里一直画到八点，然后去吃早餐，并尽可能小心地在湖中游泳。接着再画一会儿。如果天气晴朗，我会在室外完成一幅湖景画；如果天气不好，我会待在房间里画窗外的风景。有时，我也不画画，而是看一些日语书。当然啦，是在室外。午饭后，我会打个盹或看看书——直到吃点心的时间——吃点心前后，我会去游泳，当然并不一定每天都这样，不过大多数时间的安排都是如此。吃过点心后，我会继续画画，比如描绘黄昏时风暴中的一棵大白杨。傍晚时分，我们偶尔会去附近的村子来一场球类比赛。天渐渐暗了，吃完晚餐后我们便会早早地睡下。我会不时地在这份时间表中加入一些划船活动，稍微放松一下自己的肌肉。"[2]

出人意料地，克里姆特的风景画与他的其他作品有着紧密的联系。克里姆特深深着迷于大自然的疯狂繁衍，在他后来的风景画中，他对公

上左图：在去加堡的旅行中，克里姆特和朋友们坐在阿特湖畔的一张桌子旁，1908年摄

上右图：卡默尔阿特湖镇夹竹桃别墅前的合影，从左到右依次为赫尔曼、芭芭拉·芙洛格、艾米丽·芙洛格和克里姆特，1908年摄

下图：克里姆特和艾米丽·芙洛格在利茨尔阿特湖的船坞上，前方的独木舟里坐着弗里茨·保利克，1904年摄

园和花园的描绘也变得像他的肖像画和寓言画一样充满情色意味。克里姆特在1917年7月10日的一首小诗中表达了他对自然的观点：

睡莲在湖中生长，
她正在开花，
对英俊男人的渴望，
渗透在她的灵魂里。

《女性的三个阶段》（*The Three Ages of Woman*），布面油画，180厘米×180厘米，1905年，罗马国家现代美术馆藏

第十四章：寓言和符号

战争的不幸，加之时间和品位的变化，使克里姆特的注意力从更具野心和哲学性的作品转移到了肖像画和风景画上。不过，即使如此，克里姆特也并不认为自己是一位肖像画家或风景画家。克里姆特的风格通常与新艺术运动、青年风格或分离派联系在一起，但如果你想用一种更广泛的艺术运动来定义克里姆特，那么他还可以被视作一个象征主义者，与他同一阵营的有爱德华·蒙克、费迪南德·霍德勒、弗兰兹·冯·斯泰克和费尔南德·赫诺普夫。

19世纪中期，唯物主义和实证主义大行其道，而到了19世纪八九十年代，象征主义开始在文学和视觉艺术中蓬勃发展。在视觉艺术领域，艺术家展开了对写实主义、印象派以及两者对现实世界感知追求的反抗。写实主义大师古斯塔夫·库尔贝和象征主义者古斯塔夫·莫罗对比鲜明的评论，证明了人们正在经历从写实主义到象征主义的转变。当库尔贝被问及为什么他画的是丑陋的人而不是天使时，库尔贝回答说，如果有人能够把一个天使带到他的工作室，那么他十分愿意画下这个天使。相反，莫罗则只想描绘那些在物质世界中不可见的事物。

1892年，象征主义小说家约瑟芬·佩拉丹发起了一次名为“玫瑰十字”的象征主义沙龙。佩拉丹说，象征主义者喜欢“传奇、神话、寓言和梦，喜欢解读伟大的诗歌，喜欢所有的抒情艺术，喜欢具有壁画特征的作品，因为它们在本质上更加优越”。这场沙龙显然非常适合克里姆特，而且，值得注意的是，本次沙龙还吸引了当时非常重要的艺术家费迪南德·霍德勒，对克里姆特而言，费迪南德·霍德勒是一个不可多得的同盟者。

在瑞典剧作家奥古斯特·斯特林堡1895年写给保罗·高更的一封著名的信中（高更之后曾在展览目录中使用了这封信），斯特林堡注意到了19世纪80年代中期巴黎文化界的巨大变化，特别是先锋派从马奈到皮维·德·夏凡纳的转变。这个关键的转折点似乎是1884年。在那一年，先前被忽视和误解的皮维·德·夏凡纳因其在沙龙展出的壁画《圣树林》（*Le Bois Sacré*）而受到赞誉。缪斯般的人，裹在简洁得如被单一样的衣服下，放松地躺在一个理想化的城市公园里，这成了19世纪晚期极具影响力且受到广泛模仿的形象之一。同年，被奥斯卡·王尔德称为“堕落百科全书”的小说《逆天》（*Again Nature*）出版，这本书的出版标志着其作者若利斯·卡尔·于斯曼正式脱离现实主义阵营。《逆天》也将另一位象征主义运动核心人物古斯塔夫·莫罗推到了风口浪尖。于斯曼以令人惊讶的语言再现了莫罗的“莎乐美”系列作品，再次突出了19世纪末在艺术家中盛行的颓废主义，但同时他似乎也期待着在新世纪的头几年，克里姆特能够围绕茱蒂斯或者莎乐美开始新一轮的创作。

“在古斯塔夫·莫罗的作品中，《新约》的规则被推翻，小说的主人公让·德泽森特最终见到了他梦中怪异且具有非凡能力的莎乐美。在画中，莎乐美不再仅仅是一个舞女，她带有情色意味地扭动着身体，诱惑着老人，发出情色意味的叫声；莎乐美不断舞动着身躯，蛊惑着皇帝，摧毁着皇帝的意志和士气。莎乐美已经成为‘欲望’的永恒化身，不朽的‘复仇女神’，她被诅咒的美凌驾于一切美的事物之上，她的每一寸肌肤和肉体都变得僵硬，她化身为残忍的野兽，就像古老神话中的海伦一样，冷漠、不负责任、麻木和恶毒地对待所有接近她、看到她或是触碰到她的事物。”[1]

莫罗认为，自己的职业生涯中有两个至关重要的特质——“必要的丰富性”和“慵懒的美”，这两个特质也可以被用来定义19世纪末的艺术风格。“慵懒的美”是指一种懒洋洋的，甚至有些不健康的倦怠感，这一感觉出现在了这一时期许多艺术家的画作中，如伯恩·琼斯、克里姆特。“必要的丰富性”则是指作品应该呈现出的华丽且带有装饰意味的画面效果，但这种效果应与主题完全分离。莫罗的画作常被人比作珠宝，而伯恩·琼斯的某些作品看起来则像是在昂贵的浮雕壁纸上绘制的。伯恩·琼斯说过一句非常克里姆特的话：“我深爱着我的画，就像金匠对他的珠宝作品一样。我希望画的每一寸都制作精良，以至于即使有一天画的绝大部分被烧毁或丢失，只留下某个残片，也会让发现这个残片的人感叹——无论它曾是什么，那一定是一件精美的艺术品。”[2] 当然，在表现“慵懒的美”和“必要的丰富性”这双重特质时，没有任何一幅作品能超过克里姆特为阿黛尔·布洛赫·鲍尔绘制的那幅《金衣女人》。

城堡剧院壁画中对琐碎逸事的描绘正是佩拉丹等人所反对的，直到19世纪90年代，克里姆特才开始逐渐尝试新的创作主题。我们可以在一幅创作于1895年题为《爱》（*Liebe*）的小型镶板画中看到这一转型。这个标题本身，就暗示了克里姆特将创作主题从具体的事物或事件转向更抽象的事物的愿望。画作的长构图和金色画框上的不对称玫瑰，明显受到了日本风格的影响。邪恶且带有色情意味的人物飘浮在画作顶部，它们也是后来维也纳大学天顶画中人物形象的雏形，但克里姆特对作品中那对情侣平庸的阐释显然更接近于弗朗西斯科·海耶兹那幅广受欢迎的、带有学院派风格的《吻》，而非克里姆特本人后来对类似主题的描绘。

在同样创作于1895年的小型作品《音乐1》（*Music I*，37厘米×44厘米）中，克里姆特在创作成熟时期所使用的各种不同元素，被更加成功地融合在一起。但这幅作品与克里姆特三年后为杜巴男爵音乐室绘制的尺幅更大的《音乐2》有着显著的区别。在《音乐1》中，女孩的形象更加严肃，头发绑在脑后，似乎正完全专注于自己的音乐创作。在《音乐2》中，单纯朴素的小女孩已经长成一名成熟的女子，她将头发放下，用左手弹奏竖琴，同时微微地摆动着身体。在《音乐1》中，我们已经能够找到在克里姆特后期作品中扮演着重要作用的诡秘且带有情色意味的象征符号，那个咧嘴而笑的希腊风格的面具被颇具象征意味地放在了女孩的身后。同样的面具也出现在《音乐2》中，而且明目张胆地放置在女孩的身前。

《音乐1》，《斯托克雷特横饰带》草图，布面油画，37厘米×44厘米，1895年，慕尼黑新美术馆藏

同样是1895年，克里姆特的作品中第一次出现了裸女形象。在画作《女神雅典娜》中，雅典娜手上放着一个尺寸非常小的裸女像，这在分离派第二次展览时引起了人们的恐慌。《女神雅典娜》采用了一个相对较小且并不那么寻常的正方形构图（75厘米×75厘米），它是克里姆特创作生涯中非常重要的一件作品，因为这是克里姆特第一次成功地表达自己成熟时期的艺术观，也是他第一次将古典主义与19世纪末的艺术风格完美地融合。新艺术风格和19世纪末的艺术风格在通常情况下是反古典主义风格的，但同巴伐利亚同行弗兰兹·冯·斯泰克一样，克里姆特从古典主义中汲取了历史和神话故事等元素（有人可能会将其称为弗洛伊德式的元素）。克里姆特与斯泰克都成功地塑造了一个适应他们时代

的古典主义风格。克里姆特与弗洛伊德的联系主要表现在弗洛伊德为自己图书馆选择的藏书章上，藏书章的图案是俄狄浦斯和斯芬克斯，带有明显的分离派风格，这似乎是受到了克里姆特的忒修斯海报的影响。

在后来的创作中，克里姆特将《女神雅典娜》中的红发裸女放大到了真人大小，绘制了一幅名为《真相》（*Nuda Veritas*）的作品，并于1899年分离派第四次展览中展出。裸女形象在传统意义上象征着真理，学院派艺术家杰罗姆也曾在作品《真理从井中爬出以羞辱人类》（*Truth Rising from her Well to Shame Mankind*）中运用了这一形象，该作品于1896年在沙龙展出。克里姆特用席勒的一句话解释了作品《真相》的意义，并将这句话刻在了画作金色背景的上端，这句话实际上是在劝说艺术家要忠于自己。据克里姆特的朋友贝尔塔·祖克坎德所说，作品《真相》还影射了当时法国正处于风口浪尖的德莱弗斯一案。如果不是因为画中那些令人困惑不安的元素，比如裸女脚下的蛇，《真相》将是一幅不折不扣的传统寓言画。画中的蛇可能是借鉴了斯泰克那幅臭名昭著的《罪恶》（*Sin*），也可能是借鉴了古典前辈大师对圣母无原罪成胎说的描述，即代表异端的蛇被踩在处女的脚下。

在西方艺术中，一直都有使用符号和寓言的传统。但与之前的艺术家不同的是，象征主义者笔下的符号和寓言可能不那么明确，也不容易解读。象征主义绘画的含义更多的是通过暗示性、联想，或者纯粹通过视觉手段来表达。对维也纳大学的教授来说，与其说是天顶画中裸露的女性敏感部位和明显的情色意味困扰着他们，不如说是克里姆特将画面主题从传统寓言转向了意味不明的象征主义更令他们不安。作为那群困惑的教授的代表，卡尔·克劳斯挖苦《哲学》道：“有人告诉我，克里姆特最初的素描中绘制了一名站着的、陷入沉思的裸体男孩。男孩长长的头发垂在脸上，遮住了他双颊上泛起的红晕，他脸红的原因可能是他看见了画面上方那一对沐浴在爱河中的人……当这幅素描被提交给委员会时，该大学的时任校长宣布，这不是一幅表现哲学主题的画，而是一幅表现小男孩过早地探究婴儿从何而来的作品。”[3]

《邪恶的力量》，《贝多芬横饰带》的细节图，《贝多芬横饰带》为灰泥底漆上的金箔、次宝石、珍珠母、酪蛋白、铅笔和色粉画，215厘米×3414厘米（两面1392厘米长墙，一面630厘米窄墙），1902年，维也纳美景宫美术馆藏

克里姆特听从了席勒的劝告，选择忠于自己，拒绝向大学教授妥协，并用《法学》和《医学》两幅更为复杂且令人不安的天顶画，进一步激怒了这些教授。教授们唯一能确定的是，这些作品绝非是他们委托克里姆特进行创作的，他们想让他创作的是那类鼓舞人心的说教作品。

克里姆特还反驳了席勒对贝多芬处境的乐观判断，并将其表现在他于1902年分离派展览中展出的《贝多芬横饰带》中。展览目录解释道："这三面墙形成了一个连贯的叙事。入口对面的第一面长墙表现了

人们对幸福的向往，墙上描绘了正在遭受苦难的人类，他们一边做出弱小的样子乞求穿着盔甲的骑士的保护，一边野心勃勃且充满力量，为追求幸福而不断奋斗。窄墙则描绘了人类的敌对势力。恶魔特瑞法力斯，连众神都打不过他；还有他的女儿们，三个蛇发女妖，分别象征着疾病、躁狂和死亡。欲望和不洁使人们不得安宁。人类的欲望凌驾于它们之上。第二面长墙鼓励人们在诗歌中寻找幸福。艺术引导我们进入了理想王国，在那里我们可以找到纯粹的快乐、幸福和爱。那里有天使合唱

团。”这个主题本身似乎非常庸俗，但在克里姆特的设计下，却变成了一件扣人心弦的作品。像往常一样，克里姆特明目张胆地从别的艺术家那里盗窃视觉元素——从玛格丽特·麦克唐纳为华恩多夫音乐室创作的画、奥布里·比亚兹莱作品中身材臃肿的人物，到霍德勒在《吻》中设置于人物背后带有风格化、重复性和律动感的线条。在1905年的一次采访中，霍德勒认可并赞赏了克里姆特对自己的模仿：“在现代艺术家中，我个人特别欣赏克里姆特，尤其是他的壁画：在这些壁画中，一切都是流畅而静止的，他与我一样，喜欢不断重复同一元素，这也是他华丽装饰效果的来源……”[4]

由于作品《贝多芬横饰带》是在脆弱的灰泥底上以酪蛋白颜料绘制而成的，克里姆特在创作时并没有指望它能够撑过1902年的展览，然而讽刺的是，由于战争的变迁和斯托克雷特家族没完没了的诉讼，公众一直没有机会接触克里姆特在斯托克雷特公寓的壁画，因而这件作品反而成了目前唯一可见的克里姆特成熟时期的装饰画。

在19世纪90年代至1918年克里姆特去世前的这段时间，克里姆特还绘制了大量独立的油画和寓言主题的镶板画，包括1898年的《流动的水》（*Moving Water*）、1901 ~ 1902年的《金鱼》（*Gold Fish*）、1904 ~ 1907年的《水蛇1》（*Water Snakes I*）和《水蛇2》（*Water Snakes II*）。这些画作描绘了弗洛伊德学说中欣喜若狂地漂浮在深海中的裸体女性。《金鱼》中的三个愉快地笑着的女孩，显然与瓦格纳《指环》（*Ring Cycle*）中嬉闹着的莱茵水仙子存在着某种联系。有着一双色情意味的偷窥者之眼的金色大鱼，不仅象征了瓦格纳歌剧中莱茵河的黄金，也象征了克里姆特或阿尔贝利希。

在两幅“水蛇”系列画中，克里姆特都将蛇作为阳具的象征，这在现代人看来是显而易见的，但在当时，也许只有一些对此有研究的人才能理解。弗洛伊德学说常将女性与掠食性动物、爬行动物结合在一起，尤其是蛇，这一形象成了19世纪末艺术中的常客。其中，最臭名昭

左图：《水蛇1》，羊皮纸，多种材料绘制，50厘米×20厘米，1904～1907年，维也纳美景宫美术馆藏

右图：《金鱼》，布面油画，181厘米×67厘米，1901～1902年，私人收藏

著的例子是弗兰兹·冯·斯泰克的一系列裸女画，画中的裸女以各种姿势与又大又黑的蛇缠绕在一起。斯泰克将这些作品命名为《感性》（*Sensuality*）、《淫乱》（*Lasciviousness*）、《欲望》（*Lust*）等。斯泰克将该系列作品陈列在自己规模宏大的慕尼黑画室里，并将其中一件放在了画室的中央，仿佛以此建立起一座亵渎罪的祭坛。这些荒诞的作品一出现就震惊四座。作品第一次展出时，画的前方被放上了一排排座位，这样画作的崇拜者就可以坐在那里敬畏地沉思。

1907年，克里姆特完成了两幅“水蛇”系列画的创作，也是在那一年，毕加索完成了《亚威农的少女们》（*Les Demoiselles d'Avignon*），这一事实提醒我们，在国际上，克里姆特并不是，甚至从来都不是所谓的“特立独行者”。

除了“水蛇”系列，克里姆特还创作了尺幅较小但很重要的“茱蒂斯”系列，将《圣经》和神话中的女英雄描绘成了蛇蝎美人。在作品《茱蒂斯1》中，人物的面容与阿黛尔·布洛赫·鲍尔极为相似，不仅如此，克里姆特只为一位女性画过两次肖像画，她就是阿黛尔。种种迹象引发了人们的猜测：阿黛尔可能不仅是克里姆特的模特，而且与他有长时间的亲密关系。“茱蒂斯”系列经常被误认为是莎乐美，即使克里姆特在第一个版本的画框上标注了“茱蒂斯”的名字。当然，这一误会是可以理解的，因为在克里姆特的想象中，茱蒂斯和莎乐美同为蛇蝎美人，她们的形象非常相似且可以互换。而克里姆特选择以茱蒂斯为主题的原因，很可能是在20世纪初以莎乐美为主题的作品太多了。

在15世纪和16世纪，茱蒂斯作为《旧约》中成功打败霍洛弗内斯将军带领的敌军并拯救了犹太人的女英雄，通常被描绘成女性勇气和美德的典范。17世纪，茱蒂斯和霍洛弗内斯将军的形象渐渐被融入巴洛克风格，如在卡拉瓦乔和克里斯托法诺·阿楼瑞的作品中，两者的形象已经带有了一些情色意味，但直到19世纪末，茱蒂斯才正式成为蛇蝎美人恶魔姐妹会的成员之一。在与克里姆特同时代的艺术家中，德国画家弗朗茨·冯·施图克和法国插画家古斯塔夫·摩萨笔下的茱蒂斯都呈现出

《茱蒂斯1》，油画，84厘米×42厘米，1901年，维也纳美景宫美术馆藏

了类似的模样。摩萨画中的茱蒂斯，俨然是一个穿着时髦的现代女性。正如维也纳评论家费利克斯·萨尔滕［他本人也是位有些不合时宜的作者，著作有《小鹿班比》（*Bambi*），以及臭名昭著的色情小说《约瑟芬·穆岑巴彻：一名维也纳妓女的自述》（*Josephine Mutzenbacher: the Life Story of a Viennese Whore as Told by Herself*）］所指出的，克里姆特的《茱蒂斯1》也带有一些现代主义的气息："我们可以从克里姆特刻画的人物细节中感受到那些现代元素：他画的完全是一个现代人，一个有生命的、鲜活的人，她的温暖使霍洛弗内斯将军沉醉其中，这逼真的描绘美化也强化了茱蒂斯的形象。你可以轻而易举地在维也纳环城大道的某个工作室里找到这样一名穿着带亮片长袍的'茱蒂斯'，她就像我们身边常见的美女，当她穿着丝质衬裙款款而来时，你会发现周围所有男子的目光都会集中到她身上。这是一位身材苗条、身段柔软、性格温柔的女人，她黑色的眼睛里有一团撩人的火焰，嘴角的弧度略带残忍，鼻孔则显示出她内心的热血沸腾。在这位迷人女性的身体中似乎沉睡着一股神秘的力量，她那被资产阶级生活抑制住的充沛精力和暴力倾向一旦爆发，将会难以熄灭。艺术家褪去了女性身上时髦的衣服，使她们呈现出永恒不老的身体，并一个个将她们带到我们面前。"[5]

《茱蒂斯1》的创作灵感显然部分归功于罗塞蒂的《贝娅塔·贝娅特丽丝》（*Beata Beatrix*），贝娅特丽丝无疑是19世纪后半叶极具影响力的形象之一。这两幅作品都呈现了瓦格纳《爱之死》（*Liebestod*）中厄洛斯和塔纳托斯的强大融合。在《贝娅塔·贝娅特丽丝》中，罗塞蒂描绘了但丁心爱的贝娅特丽丝死亡时，灵魂离开身体的狂喜时刻，并以此缅怀自己于1862年去世的妻子莉齐·西达尔。《贝娅塔·贝娅特丽丝》和《茱蒂斯1》都弥漫着一种不健康的致幻迷醉氛围。克里姆特画中的茱蒂斯借鉴了罗塞蒂作品中的人物形象，头部后仰、半闭双眼、嘴唇微张，头发散发着光芒。《贝娅塔·贝娅特丽丝》的模仿者绝不止克里姆特一个，蒙克的《麦当娜》（*Madonna*）和穆夏的一个香烟广告中的女性形

《达娜厄》（*Danaë*），布面油画，77厘米×83厘米，1907~1908年，维也纳沃特尔画廊藏

象，都借鉴了罗塞蒂画中的形象，如果以此类比，这些作品可以算是克里姆特作品《茱蒂斯1》的姐妹了。

在克里姆特的作品《达娜厄》中，模特披着一条有着漂亮透明图案的围巾。在“美好年代”，女性去歌剧院时常常会戴上这样一条围巾。相比《茱蒂斯1》的圣经化处理，《达娜厄》看起来更古希腊化一些，像克里姆特创作的许多女性主题一样，画中人物仿佛沐浴在宙斯的金色光芒中，被性的狂喜掌控。从《达娜厄》看来，克里姆特应该对柯雷乔同一主题的画作有所了解。柯雷乔共创作了两个版本的《朱庇特与伊俄》（*Jupiter and Io*），其中更谨慎的一幅藏于博盖塞美术馆，另一幅则藏于维也纳艺术史博物馆。后一幅作品更为知名，也为克里姆特的《达娜厄》提供了更直接的创作模型。

模特米兹·兹曼尔曼的怀孕，似乎激发了克里姆特的创作灵感，尽管他之前也曾多次画过怀孕的主题。在西方艺术中，怀孕这一主题十分罕见，当然并不是完全绝迹，比如凡·艾克的《阿尔诺芬尼夫妇像》（*Marriage of Arnolfini*），尽管人们一直对作品中的新娘是否真的怀孕争论不休。此外，维米尔对一位穿着蓝色衣服的孕妇（很可能是维米尔的妻子）的温柔描绘也曾深深感动了文森特·凡·高。也许是受克里姆特对怀

《希望1》（*Hope I*），布面油画，181厘米×65厘米，1903年，加拿大国家美术馆藏

孕的开创性描绘的启发，他的追随者埃贡·席勒后来也进入了维也纳的产房，对孕妇的各种状态进行全方位研究。

1899年，米兹·兹曼尔曼第一次怀孕，当时克里姆特正在为维也纳大学创作天顶画《医学》，他很有可能是因此在这件作品的最终版本中加入了极具争议性的怀孕元素。1903年，或许是受到前一年米兹·兹曼尔曼第二次怀孕的启发，克里姆特创作了《希望1》，这也是他最出名的怀孕主题作品。克里姆特很可能记录了情人怀孕时的身体状态，尽管他并没有画出人物的面部特征。在创作的过程中，克里姆特对《希望1》的背景部分进行了多次改动。作品顶部邪恶的死亡面具很有可能源自他之前创作的《贝多芬横饰带》，这样做或许是为了回应孩子的早夭，因为正是这个孩子的到来激发了这幅作品的创作灵感。

克里姆特与米兹·兹曼尔曼的第二个孩子的出生和死亡深深地影响了克里姆特，并契合了克里姆特另一个重要的寓言性主题——生命的轮回。《女性的三个阶段》或许是克里姆特该主题作品中最令人感伤的一幅。这幅油画于1908年在“艺术展览场”中与《金衣女人》和《吻》一同展出。这三幅油画都画在了不太常见的方形画布上。《女性的三个阶段》和《吻》在尺寸上是相同的（180厘米×180厘米），且都设计得非常有装饰感。不过，若是与当时刚开始施展才华的年轻艺术家埃贡·席勒、奥斯卡·柯克西卡和理查德·盖斯特尔等人的作品相比，这三幅作品就显得有些过时了。

《女性的三个阶段》是对16世纪德国艺术家汉斯·巴尔东·格里恩名作的再次演绎。画面中飘浮在空中的人物以及拼贴效果，不禁让人联想到克里姆特为维也纳大学绘制的《法学》。克里姆特以温柔的笔触与情绪描绘了迷失在梦中的年轻母亲和她怀中熟睡的孩子，画面颇为感伤。但这幅画中最引人注目的元素，或许还是对那位老妇人枯萎的身体真实而敏锐的描绘。这一灵感主要源自罗丹的画作《她是头盔制造师那曾经美丽的妻子》［*She Who was the Helmet Maker's Once Beautiful Wife*，画中的人物形象是《地狱之门》（*The Gates of Hell*）壁柱中人物的原型］。

《死亡与生存》，布面油画，178厘米×198厘米，1910～1911年，维也纳利奥波德博物馆藏

1910年，克里姆特开始创作《死亡与生存》（*Death and Life*），并于1915年重新修缮，这幅画的完成标志着克里姆特正从平面化的金色时期向后期的华丽时期过渡。画作最初的金色背景被涂上了一层深绿蓝色，代表死亡的骷髅被黑色十字架装饰的长袍包裹着，显得异常地平淡无奇。在刻画右侧拥抱在一起的人群时，克里姆特遵循了19世纪的惯例（雷诺阿对此非常不屑），以比女性暗一些的色调描绘男性形象。在1913年的作品《处女》（*The Virgin*）中，克里姆特在拥抱着的人物间隙填充了色彩丰富的装饰物，营造出更加愉悦的画面效果。

《婴儿》，布面油画，110厘米×110厘米，1917～1918年，华盛顿国家美术馆藏

克里姆特去世时仍未完成的《婴儿》《亚当和夏娃》及《新娘》（*The Bride*），标志着克里姆特又一个全新的创作阶段，一个使用更为抽象和几何形式的构图阶段，这可能是受到了年轻的埃贡·席勒的启发。这些作品诞生于战乱之中，见证了哈布斯堡王朝的垂死挣扎，但它们是克里姆特描绘的最快乐、最有生命意义的作品，那些经常入侵克里姆特作品的黑暗力量被完全驱逐了。

《新娘》，布面油画，165厘米×191厘米，1917～1918年，私人收藏

第十五章：克里姆特、弗洛伊德和性

美国艺术史学家亚历山德拉·科米尼在1975年的一篇精彩导论的开头，为我们描绘了这样一个画面——在克里姆特中风住院后，一群窃贼闯进他的工作室，看到那幅立在画架上的半成品《新娘》（衣服的图案尚未完成），画中的女子正叉开双腿，露出私密处。想象一下，这些窃贼将会是何等震惊。“她膝盖弯曲，双腿分开，露出细致的阴部，艺术家悠闲地坐在那里画上带有暗示性和象征性装饰图案的裙子……工作室里那些不明身份的窃贼，不小心发现了这位艺术家的偷窥行为。”[1]

对19世纪的人们来说，女性的身体是一个非常隐秘且难以启齿的事物。我们认为这是一个属于女人的秘密，然而事实并非如此，并不是所有女人都对此十分了解，因为当时许多出身体面的女性即使在洗澡时也不得不穿着衣服。据斯蒂芬·茨威格的记录：“寄宿学校和修道院的年轻女孩甚至不得不穿着白色长袍洗澡，她们几乎忘记了自己还有身体。”[2] 此外，在当时，人们洗澡的频率并不高，即使在最进步的圈子里，人们也才刚开始探讨卫生、健康和清洁问题。

在19世纪，虽然流行着许多所谓的妓女使用手册，比如1883年出版发行并风靡一时的《巴黎美人》杂志，杂志专为对巴黎的“性”感兴趣的英语国家游客服务，但是，对于那些只通过博物馆和展览中的画作，以及装饰公共建筑和纪念碑的雕塑了解女性身体的男性来说，描绘女性私密处的作品仍然令人感到震惊。

19世纪，对女性私密处最臭名昭著的描绘是库尔贝的《世界的起源》（*L'Origine du Monde*），不过这是为土耳其色情画收藏家哈利勒·贝的个人需求所绘制的，因而这幅作品直到20世纪末才出现在公众面前。在克里姆特生活的时代，高更1894年创作的《安娜是爪哇人》（*Annah the Javanaise*）中的阴部可能因为模特的“异域风情”而被人们接受。维多利亚时代的艺术史学家约翰·罗斯金并没有看到这几件或是其他类似的艺术作品。他声称无法与妻子同房，因为他在新婚之夜发现妻子的私密处出乎他的想象。如果再晚出生一代并且生活在维也纳，罗斯金或许就不会这样了，因为他可以向弗洛伊德请教自己对与女性发生性行为的恐惧，还可以在分离派展览中看到画有女性私密处的作品，甚至如果有克里姆特带路，罗斯金还能在奥拉大学的天花板上看到类似的作品。但维也纳在对待这些问题时也并非一直如此开放，弗洛伊德和克里姆特都曾因此展开过艰苦的斗争。

没有证据表明克里姆特曾经阅读过弗洛伊德的著作，也没有证据表明艺术家和医生曾有过交往，不过他们一定有许多共同的朋友和熟人。尤其是祖克坎德三兄弟，他们是克里姆特最亲密的朋友，也是维也纳医疗系统的重要成员，他们对弗洛伊德和他的工作都很熟悉。此外，古斯塔夫·马勒曾多次与克里姆特见面，而根据阿尔玛·马勒的日记，马勒在婚姻危机后向弗洛伊德进行过著名的咨询。更重要的是，弗洛伊德和克里姆特都曾试图在不受犹太教-基督教信仰体系的什叶派影响下，更诚实地探索人类的性行为，他们的这种探索源于同一种冲动，一种当时许多艺术家和知识分子共有的冲动。

在《昨日世界》里，斯蒂芬·茨威格描绘了一幅可怖的处于性压抑和虚伪之中的19世纪维也纳图景："……（当时的人们）非常小心地让她们（女孩）对那些最自然的事一无所知，这在今天是完全无法想象的。一个上流社会家庭的年轻女孩是不被允许对男性身体结构有任何了解的，因而她也不会知道孩子是如何来到这个世界的，因为她是一个天使，天使在结婚前不仅要保持肉体的纯洁，还必须要保持思想的绝对'纯洁'。"同样的，年轻男子们对此也处于无知的状态："一名女子的身材将会被完全隐藏起来……即使在婚礼的早餐会上，新郎也不会知道未来的终身伴侣是否驼背，是丰腴还是苗条，是高还是矮……当时，如果一名女子想成为一名'淑女'，那就不能表现出本身的自然美。事实上，这种时尚无非是服从于当时的道德观，而这种道德观的主要倾向就是隐藏和掩饰性。"然而，所有这些约束行为的后果是引发人们对性的更多关注。“因此，被几乎完全制止谈论性启蒙也不被允许同异性自由相处的那一代人，实际上要比今天的年轻人更痴迷于性……在当时，维也纳的空气中仿佛都充满了危险的、带有传染性的色情氛围。”[3]

通过阿尔玛·马勒婚前的日记，我们可以窥见当时年轻的维也纳女孩对性的想象有多么强烈。虽然年轻人对性的兴趣可能是普遍存在的，但如阿尔玛日记这般直白热烈的表达却并不常见。在与丑陋的、不爱洗澡的作曲家亚历山大·策姆林斯基那段痛苦漫长却始终没有了断的恋情中，阿尔玛以近乎歇斯底里的热情夜以继日地写着日记：“我刚刚看了两只苍蝇交配。它们是那么平静，偶尔抖动一下翅膀。直到我朝它们吹了口气，它们才迟缓地一前一后飞走了，然后到远处继续刚才的事。我多么羡慕它们。那呼出的气息爱抚着我。怎么会有人觉得这很冒犯？我觉得这个过程很美，非常美。我多么渴望它。亚历克斯，我的亚历克斯，让我成为你的圣洗池，用你的圣水灌满我吧。”[4]

19世纪和20世纪之交的维也纳一定有着丰富的性生活，不仅在维也纳，甚至在巴黎、伦敦也是一样。古斯塔夫·克里姆特所参与的是一场比20世纪60年代那次更勇敢、更英勇的性革命。对于如奥古斯特·罗丹、费利西安·罗普斯、奥布里·比亚兹莱和更年轻的埃贡·希勒等同时代的其他艺术家而言，性解放是一件需要深思熟虑的重要事情。

性解放的一个诱因，是日本色情版画的到来。由于不受信仰的限制，日本版画家可以坦然地创作有关性行为的作品，这些看起来并不是很淫秽的作品，启发了19世纪晚期的西方艺术家。对那些习惯于传统的理想化裸体形象的西方人而言，日本色情版画中对人体肌肤和毛发细致入微的呈现，着实令人吃惊，以至于在一开始，这样的表现方式完全无法被理解和接受。奥布里·比亚兹莱最初是通过他的朋友威廉·罗森斯坦了解到这类画作的。后来，罗森斯坦回忆道，他当时“在巴黎捡到一本日文书，书中的图片太离谱了，以至于让我觉得拥有它是一件非常尴尬的事。但是比亚兹莱对此非常兴奋，所以我把书给了他。下一次我去拜访他时，我竟发现他取出了书中最不雅观的图片挂在卧室里。”[5] 于1903年策划了法国分离派回顾展的德国评论家朱利叶斯·迈耶·格雷夫，也曾在比亚兹莱家里见过这些图片："在比亚兹莱的家里，我曾见过全伦敦最精美的日本色情版画。这些画被装在素色的画框中并悬挂在墙上，与色彩丰富的画作背景，以及喜多川歌麿的天马行空形成了对比，当你在远处欣赏时，这些画显得十分精致、得体和无害。由于无法展出，很少有收藏家收藏这类作品。"[6] 在整个创作生涯中，克里姆特一直是日本视觉文化的热情崇拜者和借鉴者。他订阅了齐格弗里德·宾的《日本艺术》杂志，毫无疑问，那些热衷于收藏克里姆特作品的收藏家，也会把日本的色情版画介绍给他。

如前文所述，克里姆特在1900年后几乎完全停止了对男性的描绘。只有在克里姆特寓言性质的画作中，男性形象才会偶尔出现。这种做法在当时并不少见，克里姆特与许多同时代人一样，痴迷于描绘迷人而危险的蛇蝎美人。我们无法推测发生在克里姆特身上的这一切，有多少是个人因素，有多少是受当时社会文化的影响，只能推测克里姆特是否赞同弗洛伊德的理论。19世纪末至20世纪初的西方社会，男性集体歇斯底里地抗拒女性与政治、文化的联系，这一现象至今仍是一个谜。当时，莎乐美、茱蒂斯、大利拉和许多源自《圣经》的女性形象在文学、歌剧和视觉艺术中大量出现，这引发了一些男性艺术家和知识分子的厌女情绪。

上一代的两位艺术家——法国象征主义者古斯塔夫·莫罗和英国拉斐尔前派艺术家但丁·加百利·罗塞蒂的作品在潜移默化中引领了19世纪末蛇蝎美人的性格和形象。正是莫罗开启了世人对莎乐美的崇拜，使她成了19世纪最受欢迎的女性。莫罗深深地迷恋着莎乐美，他创作了超过90件以莎乐美为主题的作品，这些作品现藏于巴黎的古斯塔夫·莫罗博物馆。莫罗对莎乐美的生动描绘和若利斯·卡尔·于斯曼在1884年出版的小说《逆天》中同样令人眼花缭乱的叙述，催生了奥斯卡·王尔德于1891年创作了戏剧《莎乐美》，继而又激发理查德·施特劳斯于1905年首演了歌剧杰作《莎乐美》。尽管施特劳斯后来的合作者胡戈·冯·霍夫曼斯塔尔对克里姆特有点屈尊俯就，他认为克里姆特的艺术不如弗兰兹·冯·斯泰克的艺术，但施特劳斯是第一个认识到自己歌剧中那些

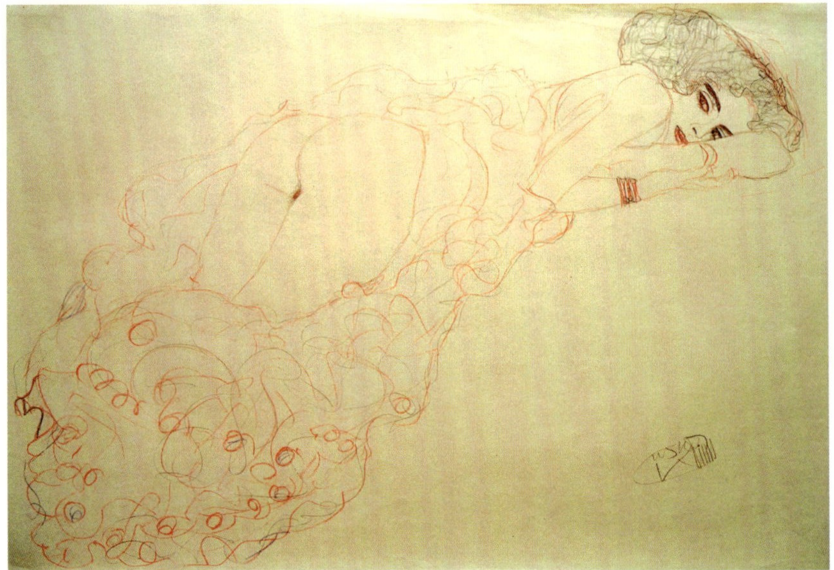

上图：《朝向右侧的情人们》，纸面铅笔稿，1914 ~ 1916年，私人收藏

下图：《面朝右趴着的裸女》，有白色高光的铅笔、蓝色和红色钢笔画，37厘米 × 56厘米，1910年，私人收藏

《茱蒂斯2》，布面油画，178厘米×46厘米，1909年，威尼斯现代艺术博物馆藏

跃动的旋律和克里姆特金色时期作品之间的相似性的人。在一封莫罗向人解释水彩画《花园里的莎乐美》（*Salome in the Garden*）意义的信中，我们了解到他在创作莎乐美形象时的个人意义和弗洛伊德对其的深刻影响，莫罗在信中说："这个充满厌倦之情却非常神奇的女人，有着动物的天性，她会因为看见自己的敌人被击败而愉悦，但她对此并不十分热衷，因为她已经厌倦了不断追求欲望的过程。这个女人冷漠且脚步野蛮地穿过花园，花园刚刚被一场可怕的谋杀玷污，这场谋杀的可怕程度足以吓跑那些习惯了死刑的刽子手……当我想表达其中的细微变化时，我没有在往昔的绘画题材中找到灵感，反倒在现实中的女性身上找到了脾气恶劣、愚蠢得无法理解的，甚至恐怖等元素。"[7]

英国拉斐尔前派艺术家罗塞蒂赋予了蛇蝎美人迷人的外表——有力的臂膀、柱状的脖子、瘆人的微笑、低垂的眼皮，以及环状的黑色或火红的头发，这些元素也成了克里姆特和当时许多其他艺术家笔下莎乐美的特征。尽管克里姆特通过复制品和罗塞蒂的弟子爱德华·伯恩·琼斯以及沃尔特·克兰熟识了罗塞蒂的作品，但克里姆特作品中的许多拉斐尔前派特征更可能是从费尔南德·赫诺普夫那儿借鉴来的，因为后者曾多次参与分离派展览并访问维也纳。

平面设计师费利西安·罗普斯，是另一个在克里姆特的圈子里备受推崇，且在克里姆特对女性的认知发展中扮演了重要角色的比利时人。1896年，当《鹅毛笔》（*La Plume*）杂志用一个特别版介绍并赞美罗普斯的作品时，诗人和各界知识分子们开始争相强调罗普斯对现代女性邪恶本质的深刻理解。据比利时小说家尤金·德莫尔德所说，罗普斯"就像不屈不挠的达尔文，在诗人不断歌颂的女人的白色翅膀下发现了女人飞禽走兽的一面，证明了她们与生俱来的邪恶的动物本质"。此外，胡斯曼评价道："在这一时期，享乐主义艺术中充斥着歇斯底里的被卵巢或性欲吞噬的女性，但克里姆特所歌颂的，并不是当代女性，也不是穿戴着夸张服饰的巴黎女性，而是那超脱于时间之外的女性的本质，那赤裸的性交野兽，那来自黑暗世界的雇佣兵，那恶魔卑贱的奴隶。"

《吻》，布面油画，180厘米×180厘米，1907～1908年，维也纳美景宫美术馆藏

尽管与罗普斯、蒙克、赫诺普夫、斯泰克等这个时期的许多其他艺术家一样，克里姆特会经常在作品中描绘邪恶的女性形象，但这并不表明他赞同那种过度的厌女行为。我们没有找到克里姆特关于女性的任何带有敌意的评论，这方面的代表人物是德加，自称珍爱女人的艺术家雷诺阿亦有过对女性的贬低言论。克里姆特与芙洛格姐妹的关系很好地证明了他喜欢并尊重聪明能干的女人，喜欢与她们为伴。

克里姆特的艺术中最弗洛伊德的一个方面，应该是他那具有象征性和情欲色彩的装饰物——垂直、细长的矩形装饰物代表男性，水平、圆形和椭圆形的装饰物代表女性。你可以在克里姆特的任何作品，无论是肖像画还是风景画，甚至那幅最著名的《吻》中找到它们。男人和女人，每个人都戴着特定的装饰物，这些装饰元素融合在一起，形成了一个略带色情意味的场景。装饰性的、风格化的闪亮金色线条喷涌而出，一直流到画面的底部。

用亚历山德拉·科米尼的话来总结："在一个像维也纳这般神经质的、自我放纵的大都市，克里姆特和弗洛伊德把性作为生活的动力和主要组成部分并不奇怪。毕竟在这个都市里，人们已经被阿图尔·施尼茨勒的戏剧和理查德·施特劳斯歌剧中的'性欲污秽物'刺激到了自燃的程度。然而，人们似乎被时间和克里姆特作品绚丽的外表蒙蔽了，忽略了这位艺术家对性的密切关注。"[8]

《对幸福的渴望》（*The Longing for Happiness*），《贝多芬横饰带》的细节图，《贝多芬横饰带》为灰泥底漆上的金箔、次宝石、珍珠母、酪蛋白、铅笔和色粉画，215厘米×3414厘米（两面1392厘米长墙，一面630厘米窄墙），1902年，维也纳美景宫美术馆藏

第十六章：克里姆特、马勒和音乐

克里姆特非常喜欢维也纳的音乐氛围。1870年落成的维也纳金色大厅有两个演奏厅，较大的凡艾纳厅主要用于演奏交响乐，较小的布拉姆斯厅则用于演奏室内乐，克里姆特可以在这两个演奏厅中满足自己对舒伯特的热爱。19世纪下半叶，面向公众的音乐会逐渐发展起来，当然，完全致力于歌曲演奏的音乐会直到19世纪末才变得普遍。1849年成立的“赫尔麦斯贝格四重奏”，是维也纳第一个永久性的专业弦乐四重奏。而在克里姆特的时代，维也纳最重要的四重奏是由维也纳爱乐乐团团长阿诺尔德·罗斯于1882年创立的“罗斯四重奏”，该组合直到1938年德奥合并之后才被迫解散。“罗斯四重奏”完成了许多重要作品的首演，包括勃拉姆斯晚期的作品和勋伯格早期的作品。

阿诺尔德·罗斯在克里姆特的社交圈中扮演着重要的角色。阿诺尔德娶了马勒的妹妹贾斯汀，阿诺尔德的弟弟、大提琴手爱德华德则娶了艾玛。和克里姆特的姐妹一样，贾斯汀也担任着她单身兄弟的管家，并推迟了自己与阿诺尔德的婚礼，直到马勒与阿尔玛结婚。阿诺尔德和贾斯汀将自己的女儿以马勒妻子的名字命名，取名阿尔玛·罗斯。日后，阿尔玛·罗斯成了一名小提琴家，并在奥斯威辛集中营内组建并领导了一支女子管弦乐队。1944年，阿尔玛·罗斯死于奥斯威辛集中营。

20世纪20年代，“罗斯四重奏”开始借助电子设备进行录音，这让我们有机会一窥克里姆特时代迷人的音乐风格。“罗斯四重奏”对弦、弹性节拍或者说自由节拍，以及滑音的使用，对当代人而言都是陌生且令人困惑的。

1905年12月31日，克里姆特正在向金色时期过渡，而正处于所谓“白银时代”的维也纳歌剧院首次上演了弗朗兹·莱哈尔的《风流寡妇》（*Die lustige Witwe*）。三年前，梅特涅公主委托莱哈尔在一次舞会上表演了莱哈尔那首流光溢彩、旋律优美的《金与银圆舞曲》（*Gold and Silver Waltz*），并将其作为舞会的主题曲，还要求所有出席的宾客都穿上金色或银色的晚礼服。舞会取得了意想不到的成功，这首圆舞曲也因此为世人所熟知，成为莱哈尔最受欢迎的音乐会作品。

歌剧是巴黎人在19世纪50年代的一项发明。到了19世纪60年代，借由奥芬巴赫脍炙人口的《美丽的海伦》（*La Belle Hélène*），歌剧叩开了维也纳的大门，并迅速发展出带有维也纳当地特色的流派。这一流派最伟大的杰作是小约翰·施特劳斯在维也纳剧院首演的《蝙蝠》（*Die Fledermaus*），以及他在1885年创作的《吉卜赛男爵》（*Der Zigeunerbaron*）。施特劳斯死后，并没有出现非常突出的继承人。1898年，理查德·霍伊贝格的作品《歌剧院舞会》（*Der Opernball*）取得了巨大的成功。除了《风流寡妇》，《歌剧院舞会》或许是最能体现克里姆特时代维也纳风尚的剧目。但事实证明，对霍伊贝格而言，《歌剧院舞会》的成功只是昙花一现。当霍伊贝格被邀请为《风流寡妇》作曲时，这位轻歌剧作曲家发现自己遇到了最糟糕的情况，他的音乐灵感枯竭了。由于迫切地需要填补节目的缺口，维也纳歌剧院的管理层在绝望中找到了当时宫廷乐队的指挥弗朗兹·莱哈尔。然而，莱哈尔当时在作曲方面取得的成就还不足以使剧院管理层信服，因而直到莱哈尔完成了二重唱《愚蠢、愚蠢的骑手》（*Dummer, Dummer Reitersmann*）的谱曲工作并通过电话向剧院管理层演唱了这首曲子后，管理层才正式将《风流寡妇》的作曲任务交给了他。即便如此，管理层对莱哈尔仍缺乏信心。有一次，管理层甚至还试图劝说莱哈尔放弃这个委托，但徒劳无功。为了节约制作成本，维也纳剧院改编了西德尼·琼斯歌剧《艺妓》（*The Geisha*）中的一些片段，将剧情背景改成了巴尔干驻巴黎大使馆。

维也纳剧院内景

《风流寡妇》的出名是慢热的。首演之夜，它取得的成功微乎其微。但不久后，人们发现《维莉亚之歌》（*Viljalied*）、《风流寡妇》和丹尼洛的《我要去马克西姆夜总会》（*Da geh' ich zu Maxim*）仿佛有魔性一般久久萦绕在脑中，听众们往往在听过一次后仍觉得不够，因而跑到剧院再听一次。很快，《风流寡妇》征服了世界，成了有史以来最受欢迎和表演范围最广的轻歌剧。1907年，《风流寡妇》曾同时在布宜诺斯艾利斯的五个剧院以五种不同的语言演出。

1902年4月，维也纳爱乐乐团的成员受古斯塔夫·马勒之邀，在分离派第十四次展览的开幕式上，演奏了《贝多芬第九交响曲》（*Beethoven's Ninth Symphony*）的高潮部分《欢乐颂》（*Ode to Joy*）。瓦格纳对席勒为贝多芬乐曲所写的诗歌表示了赞赏，称其为总体艺术（即多种艺术形式的融合）的先驱。本次分离派展览的重头戏是德国艺术家

时任维也纳宫廷歌剧院院长、指挥家的古斯塔夫·马勒

马克斯·克林格新近完成的《贝多芬雕像》，它在当时被认为是西方艺术的大师级杰作之一。这尊多色的纪念雕像本身就是一件总体艺术，融合了各种材料和技术。雕像有三米多高，由希腊大理石、比利牛斯大理石、雪花石膏、琥珀、青铜、象牙、马赛克、玛瑙、碧玉、珍珠母和金箔制成。不管克里姆特是否真的喜欢这件相当骇人的作品，他的确在未来几年的创作中使用了这些珍贵的材料。

约瑟夫·霍夫曼把分离派会馆的内部改造成了一座神殿，用于供奉贝多芬和克林格这对孪生天才。以克里姆特、罗勒和莫塞尔为首的分离派艺术家，以《贝多芬雕像》为核心共同设计了展厅布景，从而表达对克林格的敬意。展览结束后，展厅被拆除。幸运的是，经过路德维希·希维西的抗争后，克里姆特的《贝多芬横饰带》得以保留，这绝对是宝贵的遗产。

《骑士》，《贝多芬横饰带》的细节图，《贝多芬横饰带》为灰泥底漆上的金箔、次宝石、珍珠母、酪蛋白、铅笔和色粉画，215厘米×3414厘米（两面1392厘米长墙，一面630厘米窄墙），1902年，维也纳美景宫美术馆藏

克里姆特和马勒的朋友们认为，《贝多芬横饰带》中楣第一块镶板上的金甲骑士是理想中的作曲家或指挥家形象。克里姆特和马勒不仅都曾与美丽的阿尔玛·辛德勒陷入爱河，还分享了各自的艺术理想，包括“总体艺术”。多年来，克里姆特和马勒的事业似乎一直并驾齐驱，他们的生活也有着相似的节奏。在维也纳时，两人都会遵循一套死板的、几乎一成不变的工作日程表。他们都不太喜欢闲聊，所以很少参加社交活动。马勒被迫参加了众多行政会议，他对此感到十分厌倦，因而开会时会在纸片上信笔涂鸦。其中有几张涂鸦被马勒和克里姆特的共同朋友阿尔弗莱德·罗勒保存了下来，这些涂鸦看起来非常像克里姆特肖

展示维也纳宫廷歌剧院的手绘彩色幻灯片，约1910年摄

像画中那些具有象征性和精神分析意味的装饰。每年夏天，克里姆特和马勒都会离开维也纳，避开那些困扰他们的阴谋和争论，前往奥地利各地的美丽湖泊休养生息，重新唤起自己的创作灵感。克里姆特通常会前往阿特湖进行风景画创作，马勒则会前往威尔特湖谱写交响曲。

1897年是克里姆特和马勒人生中一个具有决定性的转折点，也是一个对维也纳文艺界而言非常微妙的时间点。这一年，马勒改信天主教，以获得维也纳宫廷歌剧院院长职位。对马勒而言，这是他职业生涯的巅峰，也是他千载难逢的机会。维也纳音乐中的旧秩序，与视觉艺术中的旧秩序一样，正处于解体的边缘。作曲家安东·布鲁克纳和约翰内斯·勃拉姆斯先后于1896年和1897年去世，紧接着在1899年，“华尔兹之王”约翰·施特劳斯离世。虽然并不是每个人都认可马勒的才华，但马勒无疑是勃拉姆斯的最佳继任者。因为当时的维也纳音乐界正面临青黄不接的局面，约翰·施特劳斯刚离世不久，而弗朗兹·莱哈尔直到1905年才成长为维也纳歌剧之王。

在维也纳这样一个排外的城市里，施特劳斯和勃拉姆斯神奇地在生命的最后时刻相遇。这一时刻被一张照片记录了下来，照片中，两位和蔼的老作曲家姿势稍显僵硬。“华尔兹之王”谦虚地请伟大的交响乐作曲家为自己签名。勃拉姆斯写下了《蓝色多瑙河》（*Blue Danube*）的第一小节，并附上题款“可惜的是，这不是约翰内斯·勃拉姆斯创作的”。勃拉姆斯以维也纳特有的叹息词“可惜”（*leider*）作为结尾，可见，在维也纳居住多年后，这位来自德国北部的异乡人已然成了一名地道的当地人。

1897～1907年，马勒作为维也纳宫廷歌剧院的院长，推出了一系列歌剧作品，成功地为之后所有的歌剧院树立了行业标杆。作为瓦格纳“总体艺术”理念的追随者，马勒力争确保演出的每一个方面，无论是音乐、戏剧还是视觉效果都能协调一致，以全面实现作曲家初衷。从1903年起，马勒与密友兼分离派同僚阿尔弗莱德·罗勒开始了长达数年的合作，两人合作的起点便是1903年的《特里斯坦与伊索尔德》（*Tristan und Isolde*），这部作品在几年后给青年时期的阿道夫·希特勒留下了深刻的印象。此后，马勒和罗勒又在1906年合作了《唐璜》（*Don Giovanni*）。在《唐璜》中，19世纪作品中纷乱的历史主义风格，让位给了更精简、更经济的分离派风格。

与之前的帕格尼尼和李斯特一样，马勒也是一位有着恶魔气息的音乐家。女高音安娜·巴尔·米尔登堡曾对马勒评价道：“人们发现他在指挥的时候是恶魔般的、狂野的、怪诞的、异乎寻常的、本真的和奇异的。人们感受到了他那恐怖的、带有胁迫性的巨大力量，对此充满惊讶和好奇。”

马勒不仅是一个革新者，也是一个严格的纪律执行者。他的座右铭是“传统是糟糕的”和“正确性是创造力的灵魂”。马勒一直致力于反抗明星表演者的奇思妙想和过度演绎。在这里，我们需要再一次引用巴

左图：男高音歌唱家利奥 · 斯莱扎克

右图：男高音歌唱家埃里克 · 施梅德斯

尔 · 米尔登堡的话，每一个和马勒一起排练过的人都会“抱怨、诅咒、哭泣和绝望”地离开。马勒对待听众同样十分严厉，他拒斥迟到的人，并结束了雇佣职业观众为演出喝彩的传统。

许多与马勒合作过的歌手，以及克里姆特喜欢的歌手，都录制了唱片。这些唱片让人们有机会听到更多歌曲，并沉迷其中。然而，根据人们的反馈，当时唱片的用户体验并不十分令人满意。以马勒最喜欢的男高音歌唱家埃里克 · 施梅德斯为例，施梅德斯录制的唱片发生了严重的扭曲和变调，音质不佳，尽管他是维也纳最受欢迎的歌唱家，但当时，他未能取悦纽约的听众，因为在纽约，相对于剧本内容，人们更关注演唱者的嗓音。一位纽约评论家形容施梅德斯的声音听起来像是“从佳能射出的瑞士奶酪”。另一位与马勒共事多年的维也纳流行乐男高音歌唱家利奥 · 斯莱扎克也遇到了类似的情况，唱片的音质时好时坏，有时甚至会呈现出令人惊艳的悦耳动听的男高音，仿佛是奥特罗和西格蒙德等重量级男性角色唱出的歌声。马勒和这两位男高音保持着一种并不稳定的关系，双方都有一些相当残忍的幽默和残酷离奇的恶作剧倾向。施梅德斯清楚地意识到自己多么渴望得到认可，不仅是对指挥技巧的认可，更重要的是对他作品的认可，于是施梅德斯贿赂并训练了一个男孩，让他在维也纳的街道上尾随马勒，哼唱马勒的交响曲《午夜》（*Um Mitternacht*）的主旋律，施梅德斯则躲在一旁观察马勒的反应。

马勒与斯莱扎克的关系并不那么亲切，也不那么激烈，这可能是因为斯莱扎克更具有国际知名度和明星魅力。由于斯莱扎克臭名昭著的打趣行为，马勒被激怒并在一次排练时打断了斯莱扎克，说道："我要停止彩排，希望下次排练时，你能带上正确的情绪。"于是，斯莱扎克在下次彩排时，披麻戴孝地走进剧院，并向惊讶的售票员宣告，他只是想"试着进入状态"。尽管与马勒有很多的摩擦，斯莱扎克还是承认马勒是一位优秀的指挥家，甚至声称当马勒指挥时，自己更容易找到最佳状态。

女高音塞尔玛·库尔兹的记录似乎说明了马勒为什么需要约束那些任性的明星。塞尔玛·库尔兹以独特的颤音闻名于世，被称为"库尔兹的颤音"。这句话后来还成了德语中的一个笑话，因为"库尔兹"在德语中是短的意思，但库尔兹的颤音却非常长。库尔兹这项非凡的技能正是源自马勒严苛的训练，马勒甚至会在训练时掐着秒表记录库尔兹颤音的时长。在表演时，库尔兹会不断持续自己的颤音，直到喘不上气来，这取悦了观众，却令指挥和其他歌手颇为不满。在唱片《林中鸟》（*Der Vogel im Walde*）中，库尔兹的颤音整整持续了21秒，这让大多数听众都几乎喘不过气来。

在库尔兹职业生涯的初期，她一直扮演着女中音和抒情女高音的角色，直到马勒在彩排中发现了她的花腔技巧，并鼓励她将音唱得更高。在马勒的帮助下，库尔兹成了同龄女高音中的佼佼者。马勒和库尔兹的关系从调情开始，也许有过爱情关系，但很快就急转直下。1906年，库尔兹试图与维也纳歌剧院解除合同，理由是她与马勒不和。

左图：女高音歌唱家塞尔玛·库尔兹

右图：女高音歌唱家安娜·巴尔·米尔登堡

阿尔玛后来抱怨说，丈夫马勒无法满足她的性需求。他们的婚礼之夜显然一败涂地。不过，夺走强大的阿尔玛的童贞确实是一件让最自信满满的男人也会心生恐惧的事。当然，马勒最终成功地和阿尔玛生了两个女儿，在与阿尔玛结婚前，马勒似乎像克里姆特对自己的模特一样对待自己的女歌手。1895～1897年，马勒与著名的戏剧女高音歌唱家安娜·冯·米尔登堡（在嫁给克里姆特的支持者赫尔曼·巴尔后，被称为安娜·巴尔·米尔登堡）有染。1897年，马勒从汉堡搬到维也纳，与米尔登堡断绝了关系，然而不久后马勒发现，米尔登堡也接到了维也纳工坊的入会邀请。于是，马勒写了一封非常残忍的信给米尔登堡，他说如果米尔登堡接受那个邀请："我们就应该把我们的私人交往控制在最低限度……即使是最轻微的流言，也会立刻影响到我的职位。"事实上，在马勒担任维也纳宫廷歌剧院院长的十年中，米尔登堡一直是维也纳工坊的当家花旦之一。她为韦伯的《奥伯龙》（*Oberon*）录制的试音素材，完美地诠释了一种令人敬畏的宏伟。

从一开始，马勒就与维也纳的反犹太媒体关系僵硬。“在4月10日的那一期，我们曾刊印过关于任命马勒为歌剧院院长的公告。当时我们已经对这位名人有了初步了解，因此除了赤裸裸的事实，我们避免发表任何关于这位犹太人的文字。布达佩斯媒体对马勒的颂扬，证实了我们的怀疑。我们应该避免草率的判断。不知当马勒先生在指挥台上开始他犹太男孩的荒唐表演时，那些犹太媒体如今赋予他的颂扬，是否会被现实的雨水冲走。”[1]

20世纪初，在这个以派系斗争和阴谋而臭名昭著的城市中，作为先锋派的领袖，马勒和克里姆特受到了越来越多的攻击。赫尔曼・巴尔指出了两人的相似之处：“马勒再一次被人纠缠不放，一次又一次，一次又一次！这些人为什么这么恨他？同样地，这些人又为什么这么讨厌克里姆特？哦，他们憎恨所有试图忠于自己的人。”[2] 马勒最终被恶毒的攻击打垮，于1907年辞去维也纳宫廷歌剧院院长的职务，并在纽约开始了新的演出。在车站送行的人群中，有歌手埃里克・施梅德斯、玛丽・古特海尔・肖德，小提琴家阿诺尔德・罗斯，作曲家阿诺尔德・勋伯格、亚历山大・策姆林斯基和阿尔班・贝尔格，还有艺术家阿尔弗莱德・罗勒和古斯塔夫・克里姆特。火车驶出车站时，贝尔格听到克里姆特说：“一切都结束了！”

事实表明，克里姆特的判断是正确的。那之后的第二年，成了维也纳文化生活的一大分水岭。虽然马勒和克里姆特仍处于创作的巅峰，但1908～1909年涌现出的新一代作曲家和画家，很快盖过了他们的风头。1908年12月，勋伯格充满野性且无调性的《第二弦乐四重奏》（*Schönberg's Second String Quartet*）首次公演，1908年和1909年柯克西卡和席勒的犀利的表现主义作品展出，这些新生力量使马勒和克里姆特顷刻间成了过眼云烟。

《一位年轻女子的肖像》，木炭画，1896~1897年，私人收藏

第十七章：素描速写

在整个职业生涯中，克里姆特绘制了无数素描速写。克里姆特创作油画的过程漫长而细致，因而他一共只完成了200多幅油画作品，但他创作的素描速写却达到数千幅，可惜的是，只有一部分被保存了下来。埃贡·希勒后来回忆道，他去克里姆特位于费尔德米勒路的工作室参观时，发现“有上百件未完成的作品躺在那里……其中只有极少数在展览上出现过”。[1]克里姆特的另一位朋友兼传记作家埃米尔·皮尔坎也曾表示，克里姆特的朋友不得不秘密地扑杀那些游荡于约瑟夫城市大街工作室和花园的猫，以防克里姆特的画作惨遭毒手。这或许也意味着克里姆特并不是很在乎这些素描速写，毕竟它们只是记录了他的创作过程。克里姆特在开始创作一幅油画前，会先画许多草图，即使是那些最奢华、最风格化的作品，我们也能透过这些半成品一窥作品的结构。

与席勒不同的是，克里姆特很少把草图作为成品或者用于出售，也很少在草图上签名或注明日期，除非这幅草图是要赠送或是出售给朋友的。然而，正如席勒所指出的，克里姆特偶尔会展出自己的素描速写，他将其中的一部分发表在了《神圣之春》杂志上，还有一些则被制作成了复制品。这些复制品的质量很高，因此常常被无耻的商人当作原作来交易。克里姆特的素描速写大多画在红色皮面素描本上，这与《索尼娅·克尼普斯肖像》中的小本子十分相似。莱德勒家族收藏了大部分克里姆特的素描速写，不幸的是，这个家族的大部分藏品在1945年的伊蒙多夫宫大火中毁于一旦。

克里姆特在维也纳第八区约瑟夫城市大街21号工作室前的花园里，约1910年摄

与作品风格一样，克里姆特的绘画技巧也经历了激进的转变。他喜欢用炭笔、黑白粉笔和彩色蜡笔绘制草图，也会时不时地搭配一些其他媒介。克里姆特很少用钢笔和墨水作画，偶尔会使用水彩颜料。不过，他最喜欢的还是石墨。克里姆特早年一直在普通的纸上绘制草图，但后期开始偏爱优质的日本纸。

无论是克里姆特在学生时代对模特阴影进行的仔细研究，还是日后对朋友和亲戚进行的更加个性化、感性的肖像研究，都是生活在19世纪末有天赋和训练有素的年轻艺术家所惯常做的。当19世纪70年代末至80年代的人们还在用黑白粉笔作画，借助阴影和高光来塑造画面的立体效果时，克里姆特已经开始弱化阴影在自己画作中的作用，直至最后完全将其抛弃，只留下他需要的部分——轮廓。

在为维也纳艺术史博物馆的楼梯墙壁、维也纳大学天花板和斯托克雷特宫餐厅绘制巨幅壁画，以及创作《贝多芬横饰带》等大型工程前，克里姆特都会先绘制大量的研究性草图。此外，在绘制如《希望1》和《希望2》等寓言画前，克里姆特还会预先进行大量研习。在绘制《女性的三个阶段》时，克里姆特对形容枯槁的身躯进行了精彩的观察研究，使得这幅作品更加温柔感人。这也使人意识到，性欲并不是克里姆特唯一的创作灵感。

奇怪的是，克里姆特似乎从未为风景画绘制草稿，尽管风景画中的大部分是在工作室中借助照片甚至明信片完成的。相反，对于肖像画，克里姆特会做大量研究，不停地探索理想中模特的姿势。维也纳博物馆的藏品中有六幅《索尼娅·克尼普斯肖像》草图，在每一幅草图中，模特与扶手椅的位置都略有不同。克里姆特在最后一幅与最终作品极为相似的草图中画上了网格线，以便他能将草图精确地转移到画布上。为创作出著名的《金衣女人》，克里姆特进行了上百次研习，这些草图和肖像画一起被阿黛尔的家人买下。透过草图，我们可以看到阿黛尔·布洛赫·鲍尔曾摆出大量不同的姿势，其中不乏一些非常绝妙但可惜并未被采用的方案。

《贝多芬横饰带》的《敌对势力》部分中三个蛇发女妖的草图，纸面铅笔和粉笔画，43.8厘米×31.4厘米，1902年，维也纳美景宫美术馆藏

作为一名画家，甚至一名艺术家，克里姆特最伟大的成就是他晚年在工作室里，对各种姿态的裸女所做的无数铅笔习作。与他的榜样罗丹一样，克里姆特允许女模特（往往不止一个）在工作室里自由活动，她们可以盛装打扮，也可以一丝不挂，克里姆特会快速地研究和捕捉这些女模特在自然无拘束的状态下放松或是因为有人观察而略显僵硬的姿势。

埃贡·席勒对这些画的高度评价并不令人意外，他认为这些作品是克里姆特众多创作中最棒的一批，甚至以自己收藏的古典大师作品

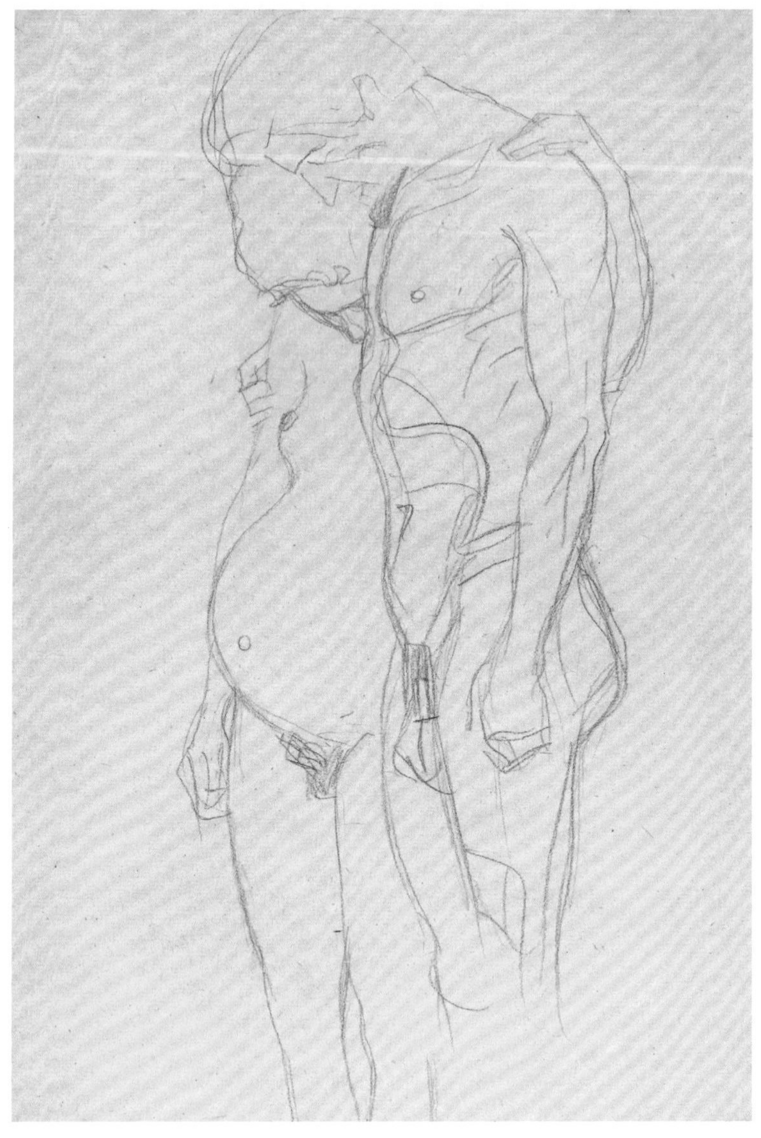

《希望1》草图，纸面蓝色粉笔画，1903 ~ 1904年，维也纳亚尔伯蒂娜艺术收藏馆藏

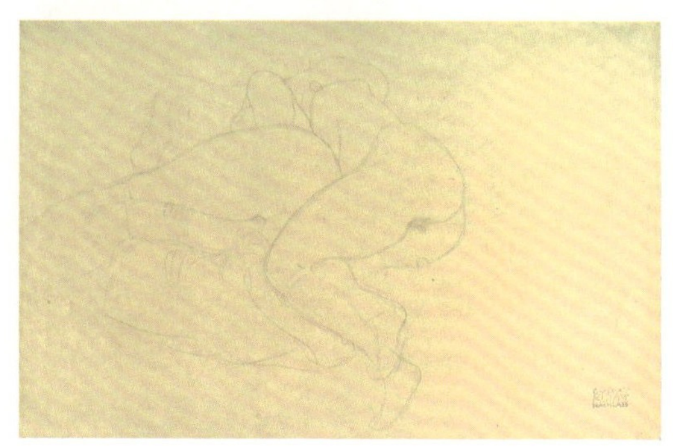

上图：《头朝左侧躺着的半裸女孩》（*Semi-nude Girl Lying Left*），铅笔画，37.4厘米×56.9厘米，1914~1915年，私人收藏

下图：《两位斜倚在一起的女性好友》（*Two Women Friends Reclining*），炭笔画，34.9厘米×55.2厘米，纽约大都会艺术博物馆藏

交换了其中的几幅。在创作大部分作品时，克里姆特始终保持着自己作为“美好年代”老一辈艺术家的特质，不过在这些后期的素描速写中，他开始尝试从第一次世界大战前年轻一代艺术家的作品中汲取自由和表现力，比如席勒和柯克西卡。

克里姆特去世后，他工作室里的作品被分为两部分，一部分归他的弟弟和妹妹所有，另一部分归他的终身伴侣艾米丽·芙洛格所有。在第二次世界大战期间，芙洛格继承的大部分作品在她公寓的爆炸中被炸毁。那些由克里姆特的弟弟乔治继承的作品，通常盖有“古斯塔夫·克里姆特·纳克勒斯”字样的印章，而由他妹妹赫米内和约翰娜继承的作品，则带有各式印章或铭文。

上图：古斯塔夫 · 克里姆特在费尔德米勒路11号的工作室，图中两幅未完成的画分别是《持扇女人》（*Woman with Fan*）和《新娘》，1918年摄

对页图：位于维也纳希兹京的古斯塔夫 · 克里姆特墓，1925年摄

第十八章：时代的终结

1918年1月11日，55岁的克里姆特被来势汹汹的中风击倒。清醒后，克里姆特说的第一句话是“请艾米丽来”，这从侧面说明了艾米丽在他的生活中扮演的重要角色。在那次中风后不到一个月，虚弱的克里姆特又染上了席卷欧洲的西班牙流感，最终于2月6日不幸逝世。年轻的埃贡·席勒前往医院为克里姆特绘制了最后一幅肖像画，作品中的克里姆特因最后一次治疗而被剃掉了胡须，呈现出与以往不同的样貌。

同年10月，又一股威力更强且对年轻人和孕妇尤其致命的流感袭击了维也纳。埃贡·席勒怀孕的妻子于10月28日因感染流感去世，三天后的10月31日，席勒本人也死于此病，享年28岁。在这可怕的一年里，那些生活在维也纳黄金时代的杰出人物相继去世，其中包括柯罗曼·莫塞尔和奥托·瓦格纳。第一次世界大战之后，饥饿和苦难笼罩着维也纳这座城市。《凡尔赛条约》将一个曾经无比辉煌、庞大的多民族帝国的首都变成了一个内陆德语国家的省会。人才纷纷逃离维也纳，其中大部分选择前往柏林。维也纳的克里姆特时代就此落下帷幕。

年表

1848年	奥地利革命失败，独裁帝制复辟，弗朗茨・约瑟夫一世称帝。
1857年	维也纳环城大道正式投入建设。
1861年	威廉・莫里斯在伦敦创办莫里斯、马歇尔与福克纳公司。
1862年	克里姆特在位于维也纳郊区的鲍姆加登出生。
1873年	维也纳遭遇金融危机。
1876年	克里姆特前往应用美术学校就读。
1883年	克里姆特与弟弟小恩斯特、好友弗兰兹・马奇合作，创立小团体“画家集团”。
1886年	克里姆特接受委托为维也纳新城堡剧院创作壁画。
1888年	克里姆特因城堡剧院的工作赢得弗朗茨・约瑟夫一世颁发的金质十字勋章。
1889年	为巴黎世界博览会建造的埃菲尔铁塔竣工。 阿道夫・希特勒在奥地利布劳瑙出生。
1890年	克里姆特接受委托，为维也纳艺术史博物馆绘制装饰画。 “画家集团”将工作室搬到了约瑟夫城市大街。 克里姆特将公寓搬到了火车西站大街。

1891年	小恩斯特与海伦·芙洛格结婚。 克里姆特与艾米丽·芙洛格相识。
1892年	克里姆特的父亲和弟弟去世。 “画家集团”解散。 慕尼黑分离派成立。 约瑟芬·佩拉丹发起“玫瑰十字”象征主义沙龙。
1895年	克里姆特接受委托，负责杜巴宫音乐室的设计。
1896年	西奥多·赫茨尔出版《犹太国》。
1897年	克里姆特与好友共同成立了维也纳分离派，并担任第一任执行主席。 克里姆特与芙洛格姐妹一起在蒂罗尔度假避暑。 古斯塔夫·马勒被任命为维也纳宫廷歌剧院院长。
1898年	维也纳分离派的第一次展览举办，《神圣之春》杂志创刊。 柏林分离派成立。 克里姆特在奥地利的萨尔茨卡默古特度假避暑，首次创作风景画。 分离派第二次展览在新建的维也纳分离派会馆举行。
1899年	7月，玛丽亚·乌克卡为克里姆特生下一个儿子。 9月，米兹·兹曼尔曼为克里姆特生下一个儿子。 西格蒙德·弗洛伊德出版《梦的解析》。
1900年	曾卷入维也纳大学壁画风波的《哲学》获得了巴黎世界博览会的金奖。

1901年　为对抗因《哲学》引起的风波和维也纳大学中传统派教授的抗议，克里姆特创作《医学》。
《茱蒂斯1》完成。

1902年　克里姆特为分离派第十四次展览创作了《贝多芬横饰带》。
马勒邀请维也纳爱乐乐团成员在这次展览的开幕式上，演奏《贝多芬第九交响曲》中的《欢乐颂》。
米兹·兹曼尔曼为克里姆特生下儿子奥托，然而奥托出生不久便夭折了。

1903年　维也纳工坊成立。
分离派第十八次展览举办，本次展览是克里姆特回顾展。
克里姆特前往意大利的拉文纳和罗马等地旅行。
阿图尔·施尼茨勒在维也纳出版第一本德语版《轮舞》。

1904年　克里姆特接受委托完成《斯托克雷特横饰带》。
艾米丽·芙洛格姐妹时装店开办。

1905年　克里姆特离开维也纳分离派。
《风流寡妇》在维也纳歌剧院首演。
施特劳斯的《莎乐美》在德累斯顿首演。
法国德莱弗斯丑闻事件所引发的斗争达到白热化。

1906年　克里姆特成为艺术联盟的主席。
克里姆特前往布鲁塞尔、英国、德国和意大利旅行。

1907年　克里姆特与埃贡·席勒会面。
完成《金衣女人》。
马勒从维也纳宫廷歌剧院辞职，离开维也纳前往纽约。

1908年　名为“艺术展览场”的艺术展开幕并首次展出《吻》。

1909年　克里姆特前往巴黎旅行。

1910年　克里姆特参加第九届维也纳双年展。

1911年　克里姆特完成《斯托克雷特横饰带》，现存于布鲁塞尔。
克里姆特搬到了位于费尔德米勒路的工作室。

1912年　克里姆特成为奥地利艺术家联盟的主席。

1914年　第一次世界大战爆发。

1915年　克里姆特的母亲去世。

1916年　克里姆特参加柏林分离派的展览。

1918年　1月11日，克里姆特中风，于2月6日在维也纳去世。

原版书注释

KLIMT'S VIENNA（克里姆特的维也纳）

1. Zweig, Stefan, *The World of Yesterday*, London, 2009, p.34
2. Ibid, pp.35–36
3. Ibid, pp.61–62
4. Godowsky, Dagmar, *First Person Plural: The Lives of Dagmar Godowsky*, New York, 1958, p.17
5. Zweig, p.36
6. Hare, Franz, *Die Moderne* in *Jahrhundertwende 1900, Untergangsstummung und Fortschrittsglauben*, Stuttgart, 1998, p.190
7. Bahr, Hermann, *Die Uberwindung des Naturalismus (Studien zur Kritik der Moderne, zweite Reihe)*, Dresden, 1891, pp.3–4
8. Zweig, p.80

REVOLUTION AND RINGSTRASSE（变革与环城大道）

1. Zweig, Stefan, *The World of Yesterday*, London, 2009

CHARACTER AND PERSONAL LIFE（克里姆特的生活与性格）

1. Partsch, Susanna, *Gustav Klimt Painter of Women*, Munich, 1976, pp.73–74
2. Husslein-Arco, Agnes and Weidinger, Alfred, *Gustav Klimt und Emilie Flöge*, Munich, 2012, p.47
3. Comini, Alessandra, *Gustav Klimt*, London, 1975, p.11
4. Husslein-Arco, Weidinger, p.79
5. Ibid., p.230
6. Ibid., p.228

SECESSION（分离派）

1. Vergo, Peter, *Art in Vienna 1898–1918*, London, 1975, p.23
2. Ibid., p.26
3. Ibid., p.27
4. Nebehay, Christian M, *Gustav Klimt*, Munich, 1976, p.102
5. Puvis de Chavannes, Henri, *La Renaissance de l'Art Français et des Industries de Luxe*, February 1926, pp.87–90
6. Vergo, pp.31–32
7. Shapira, Elana, *Style and Seduction: Jewish Patrons, Architecture and Design in Fin de Siècle Vienna*, Brandeis University, 2016, p.70

SCANDAL（风波）

1. Nebehay, Christian M, *Gustav Klimt*, Munich, 1976, p.145
2. *Deutches Volksblatt*, May 1900
3. Nebehay, pp.159–160

DECORATIVE ARTS（装饰艺术）

1. Vergo, Peter, *Art in Vienna 1898–1918*, London, 1975, p.180
2. Ibid., p.132
3. Ibid., p.134

JEWISH VIENNA（犹太人的维也纳）

1. Gombrich, Ernst, *The Visual Arts in Vienna circa 1900*, London, 1997
2. Ibid.
3. Zweig, Stefan, *The World of Yesterday*, London, 2009, p.41
4. Ibid., p.43
5. Ibid., p.34
6. Magee, Bryan, *Aspects of Wagner*, London, 1972, p.40

7. Shapira, Elana, *Style and Seduction: Jewish Patrons, Architecture and Design in Fin de Siècle Vienna*, Brandeis University, 2016, p.5

PATRONS AND COLLECTORS（赞助人和收藏者）

1. Natter, Tobias, *Die Welt von Klimt, Schiele und Kokoschka, Sammler und Mäzenne*, Cologne, 2003, p.24
2. Natter, p.88
3. Natter, p.126

PORTRAITS（肖像画）

1. Excerpt from letter dated 26 August 1872 from Anna Matilda Whistler to Rachel Agnes Alexander, *Correspondence of James MacNeill Whistler*, University of Glasgow
2. Wien Museum, *100 x Vienna, Highlights from the Wien Museum Karlsplatz*, 2013,p.178
3. Excerpt from letter quoted in Stanley Olson, *John Singer-Sargent: His Portrait*, London, 1986, p.237

LANDSCAPES（风景画）

1. Vergo, Peter, *Art in Vienna 1898–1918*, London, 1975, p.148
2. Partsch, Susanna, *Gustav Klimt Painter of Women*, Munich, 2006, pp.59, 60

ALLEGORIES AND SYMBOLS（寓言和符号）

1. Huysmans, Joris-Karl, *Against Nature*, London, 1959, pp.65–66
2. Harrison, Martin and Waters, Bill, *Burne-Jones*, New York, 1973, p.153
3. Vergo, Peter, *Art in Vienna 1898–1918*, London, 1975, pp.55–56
4. Ibid., p.75
5. Salten, Felix, *Gelegentliche Anmerkungen*, Vienna, 1903

KLIMT, FREUD AND SEX（克里姆特、弗洛伊德和性）

1. Comini, Alessandra, *Gustav Klimt*, London, 1975, p.6
2. Zweig, Stefan, *The World of Yesterday*, London, 2009, p.96
3. Ibid., p.94
4. Mahler-Werfel, Alma, diary entry from 24 September 1901 in *Diaries, 1898–1902*, London, 1997
5. Colligan, Colette, *The Traffic in Obscenity from Byron to Beardsley*, 2006, New York, p.128
6. Bade, Patrick, *Aubrey Beardsley*, 2001, University of Virginia, p.57
7. Bade, Patrick, *Femme Fatale, Images of Evil and Fascinating Women*, 1979, Pennsylvania State University, p.17
8. Comini, Alessandra, *Gustav Klimt*, London, 1975, p.6

KLIMT, MAHLER AND MUSIC（克里姆特、马勒和音乐）

1. Blaukopf, Kurt and Blaukopf, Herta, *Mahler, His Life, Work and World*,Thames and Hudson, 2012, p.125
2. Ibid., p.190

DRAWINGS（素描速写）

1. Husslein-Arco, Agnes and Weidinger, Alfred, *Gustav Klimt und Emilie Flöge*,Munich, 2012, p.230

原版书参考书目

Beaumont, Antony, *Zemlinsky*, London, 2000

Blackshaw, Gemma, *Facing the Modern, The Portrait in Vienna 1900*, London, 2013

Comini, Alessandra, *Gustav Klimt*, London, 1975

Blaukopf, Kurt and Blaukopf, Herta, *Mahler, His Life, Work and World*,Thames and Hudson, 2012

Constantino, Maria, *Klimt*, London, 2004

Fahr-Becker, Gabriele, *Wiener Werkstätte*, Cologne, 2015

Friedländer, Otto, *Letzter Glanz der Märchenstadt*, Vienna, 1996

Godowsky, Dagmar, *First Person Plural, The Lives of Dagmar Godowsky*, New York, 1958

Hamburger Kunsthalle, *Experiment Weltuntergang Wien um 1900*, Hamburg, 1981

Hare, Franz, *Jahrhundertwende 1900, Untergangsstummung und Fortschrittsglauben*, Stuttgart, 1998

Huysmans, Joris-Karl, *Against Nature*, London, 1959

Husslein-Arco, Agnes and Weidinger, Alfred, *Gustav Klimt und Emilie Flöge*, Munich, 2012

Horvat Pintoric, Vera, *Vienna 1900, The Architecture of Otto Wagner*, London, 1989

Kennedy, Michael, *Mahler*, London, 1977

La Grange, Henri-Louis de, *Gustav Mahler, Vienna: Triumph and Disillusion*, Oxford, 1999

Moskovitz, Marc D, *Alexander Zemlinsky, a Lyric Symphony*, Woodbridge, 2010

Mahler, Gustav, *Letters to his Wife*, New York, 1995

Mahler-Werfel, Alma, *Diaries, 1898–1902*, London, 1997

Mahler, Alma, *Gustav Mahler, memories and letters*, New York, 1971

Mahler-Werfel, Alma, *And the Bridge is Love*, New York, 1958

Natter, Tobias, *Die Welt von Klimt, Schiele und Kokoschka, Sammler und Mäzene*, Cologne, 2003

Nebehay, Christian M, *Gustav Klimt*, Munich, 1976

Neue Galarie, *Josef Hoffmann, interiors 1902–1913*, New York, 2006

Partsch, Susanna, *Gustav Klimt, Painter of Women*, Munich, 2006

Rogoyska, Jane and Bade, Patrick, *Gustav Klimt*, New York, 2012

Shapira, Elana, *Style and Seduction: Jewish Patrons, Architects and Design in Fin de Siècle Vienna*, Brandeis University, 2016

Schorske, Carl E, *Fin-de-Siècle Vienna, Politics and Culture*, Cambridge, 1981

Vergo, Peter, *Art in Vienna 1898-1918*, London, 1975

Werner, Alfred, *Klimt, 100 drawings*, New York, 1972

Wien Museum, *Klimt, Collection of the Wien Museum*, Ostfildern, 2012

Zweig, Stefan, *The World of Yesterday*, London, 2009

原版书图片索引

akg-images: between contents page and 1; 15 left, 18, 52 top left, 52 top right, 114 (Imagno); 19 left, (INTERFOTO / picturedesk.com / ÖNB); 23 (ullstein bild); 36, 40, 58, 71, 115 left, 128–129, 173 above (Erich Lessing); 51 right; 89; 116; 121; 140 (Imagno / Austrian Archives); 149 below; 157 (Rainer Hackenberg); 159; 168–169 (INTERFOTO / picturedesk.com / ÖNB / Moritz Nähr); 173 below

Alamy Stock Photo: 37

Courtesy Patrick Bade: 162 left and right, 164 left and right

Bridgeman Images: title page, 74 right (MAK Austrian Museum of Applied Arts, Vienna); opposite of contents page (Musee d'Orsay, Paris); 6, 35, 51 left (Wien Museum Karlsplatz, Vienna); 27, 94 (Private Collection / Photo © Christie's Images); 30, 105 left (De Agostini Picture Library / E. Lessing); 64, 96, 115 right, 124, 135 right, 143, 166 (Private Collection); 70 (MAK Austrian Museum of Applied Arts, Vienna / Peter Willi); 74 left and book spine (MAK Austrian Museum of Applied Arts, Vienna / De Agostini Picture Library); 85 (Österreichische Nationalbibliothek, Vienna); 86 (Neue Galerie, New York / De Agostini Picture Library / E. Lessing); 97, 100 (Metropolitan Museum of Art, New York); 102 (Wien Museum Karlsplatz, Vienna / © Luisa Ricciarini / Leemage); 108 (National Gallery, London); 112, 135 left, 137, 153 (Österreichische Galerie Belvedere, Vienna); 122 (Österreichische Galerie Belvedere, Vienna / Artothek); 126 (Galleria Nazionale d'Arte Moderna, Rome / De Agostini Picture Library / A. Dagli Orti); 130 (Neue Pinakothek, Munich / De Agostini Picture Library); 139 (Galerie Wurthle, Vienna); 144 (Private Collection / De Agostini Picture Library / E. Lessing); 148 (Victoria & Albert Museum, London); 150 (Museo d'Arte Moderna, Venice / Cameraphoto Arte Venezia); 154 (Österreichische Galerie Belvedere, Vienna / De Agostini Picture Library / E. Lessing)

Getty Images: Front cover (adoc-photos / Corbis); opposite of contents page, 3 left, 3 right, 11 below, 12, 14, 16 above, 16 below, 19 right, 24 top left, 24 top right, 24 below, 26, 28 above, 28 below, 32, 33, 43 above, 43 below, 44, 49 above, 46, 57, 60, 69, 72, 73 left, 73 right, 78, 79 left, 79 right, 88, 92 left, 103, 109, 120, 123, 125 above left, 125 above right, 125 below, 174, 175 (Imagno); 8, 15 right (De Agostini / G. Dagli Orti); 9 (Austrian Archives / Imagno); 11 above (Popperfoto); 26 (ÖNB / Imagno); 38, 117 (Gerhard Trumler / Imagno); 80 (The Print Collector / Print Collector); 84 (Universal History Archive); 158 (Bettmann); 160 (Oesterreichsches Volkshochschularchiv / Imagno)

National Gallery of Art, Washington. Images.nga.gov: 136 Gift of Otto and Franciska Kallir with the help of the Carol and Edwin Gaines Fullinwider Fund. 1978.41.1

Scala Florence: 49 below, 52 below, 54, 56 left, 56 right, 149 above, 171, 172 (Austrian Archives); 92 right (Neue Galerie New York / Art Resource); 105 right (Fine Art Images / Heritage Images); 113 (BPK, Bildagentur fuer Kunst, Kultur und Geschichte, Berlin)

Shutterstock: 50 (Alessandro Cristiano); 75 left (Claudio Giovanni Colombo); 75 right (Roman Sigaev); 76–77 (Michal Szymanski); 118–119 (Sergiy Palamarchuk); 176–177(Giantrabbit); back cover (Rob Crandall)

致谢

我要对以下两位学者表示感谢，他们激发了我对1900年维也纳的兴趣：一位是亚历山德拉·科米尼，他以克里姆特和席勒的肖像画为主题的演讲，是我在学生时代听过的最精彩的演讲；另一位是彼得·维戈，1975年我第二次访问维也纳期间，维戈热情地接待我，并为我的研究提出真挚的建议。这两位学者本人的研究，都是我这本书的重要参考资料。

古斯塔夫·克里姆特：我的黄金时代
GUSITAFU KELIMUTE：WO DE HUANGJIN SHIDAI

出版统筹：冯　波
特约策划：徐　捷
责任编辑：陈曼榕
责任技编：伍先林
装帧设计：树实文化

Gustav Klimt at Home

First Published in 2017 by Frances Lincoln, an imprint of The Quarto Group

著作权合同登记号桂图登字：20-2020-100 号

图书在版编目（CIP）数据

古斯塔夫·克里姆特：我的黄金时代 /（英）帕德里克·巴德著；张怡忱译. --桂林：广西师范大学出版社，2020.9
（焦点艺术丛书）
书名原文：Gustav Klimt at Home
ISBN 978-7-5598-3045-6

Ⅰ. ①古… Ⅱ. ①帕…②张… Ⅲ. ①克里姆特(Klimt, Gustav 1862-1918)－传记 Ⅳ. ①K835.215.72

中国版本图书馆 CIP 数据核字（2020）第 128463 号

广西师范大学出版社出版发行
（广西桂林市五里店路 9 号　邮政编码：541004
网址：http://www.bbtpress.com）
出版人：黄轩庄
全国新华书店经销
广东省博罗县园洲勤达印务有限公司印刷
（广东省惠州市博罗县园州镇下南管理区勤达印务有限公司　邮政编码：516123）
开本：889 mm × 1 260 mm　1/32
印张：6.125　　字数：167 千
2020 年 9 月第 1 版　　2020 年 9 月第 1 次印刷
定价：78.00 元

如发现印装质量问题，影响阅读，请与出版社发行部门联系调换。